Reescrevendo A SUA História

Ian Morgan Cron

Reescrevendo A SUA História

UMA JORNADA ENEAGRÂMICA PARA
ENCONTRAR O SEU VERDADEIRO EU

ALTA BOOKS
GRUPO EDITORIAL
Rio de Janeiro, 2023

Reescrevendo a Sua História

Copyright © 2023 da Starlin Alta Editora e Consultoria Eireli.
ISBN: 978-85-508-1954-9

Translated from original The Story of You. Copyright © 2021 by Ian Morgan Cron. ISBN 978-0-06-282581-0. This translation is published and sold by Harper One an imprint of HarperCollinsPublishers, the owner of all rights to publish and sell the same. PORTUGUESE language edition published by Starlin Alta Editora e Consultoria Eireli, Copyright © 2023 by Starlin Alta Editora e Consultoria Eireli.

Impresso no Brasil – 1ª Edição, 2023 – Edição revisada conforme o Acordo Ortográfico da Língua Portuguesa de 2009.

Dados Internacionais de Catalogação na Publicação (CIP) de acordo com ISBD

C947r   Cron, Ian Morgan
     Reescrevendo a Sua História: uma Jornada Eneagrámica para Encontrar o Seu Verdadeiro Eu / Ian Morgan Cron ; traduzido por Gabriela Guedes. - Rio de Janeiro : Alta Books, 2023.
     208 p. ; 16cm x 23cm.

     Tradução de: The Story of You: An Enneagram Journey to Becomming Your True Self
     ISBN: 978-85-508-1954-9

     1. Religião. 2. Espiritualidade. I. Pedroso, João. II. Título.

2023-964   CDD 200
                                  CDU 2

Elaborado por Vagner Rodolfo da Silva - CRB-8/9410

Índice para catálogo sistemático:
1. Religião 200
2. Religião 2

Todos os direitos estão reservados e protegidos por Lei. Nenhuma parte deste livro, sem autorização prévia por escrito da editora, poderá ser reproduzida ou transmitida. A violação dos Direitos Autorais é crime estabelecido na Lei nº 9.610/98 e com punição de acordo com o artigo 184 do Código Penal.

A editora não se responsabiliza pelo conteúdo da obra, formulada exclusivamente pelo(s) autor(es).

Marcas Registradas: Todos os termos mencionados e reconhecidos como Marca Registrada e/ou Comercial são de responsabilidade de seus proprietários. A editora informa não estar associada a nenhum produto e/ou fornecedor apresentado no livro.

Erratas e arquivos de apoio: No site da editora relatamos, com a devida correção, qualquer erro encontrado em nossos livros, bem como disponibilizamos arquivos de apoio se aplicáveis à obra em questão.

Acesse o site www.altabooks.com.br e procure pelo título do livro desejado para ter acesso às erratas, aos arquivos de apoio e/ou a outros conteúdos aplicáveis à obra.

Suporte Técnico: A obra é comercializada na forma em que está, sem direito a suporte técnico ou orientação pessoal/exclusiva ao leitor.

A editora não se responsabiliza pela manutenção, atualização e idioma dos sites referidos pelos autores nesta obra.

Produção Editorial
Grupo Editorial Alta Books

Diretor Editorial
Anderson Vieira
anderson.vieira@altabooks.com.br

Editor
José Ruggeri
j.ruggeri@altabooks.com.br

Gerência Comercial
Claudio Lima
claudio@altabooks.com.br

Gerência Marketing
Andréa Guatiello
andrea@altabooks.com.br

Coordenação Comercial
Thiago Biaggi

Coordenação de Eventos
Viviane Paiva
comercial@altabooks.com.br

Coordenação ADM/Finc.
Solange Souza

Coordenação Logística
Waldir Rodrigues

Gestão de Pessoas
Jairo Araújo

Direitos Autorais
Raquel Porto
rights@altabooks.com.br

Assistente da Obra
Andreza Moraes
Luana Maura

Produtores Editoriais
Illysabelle Trajano
Maria de Lourdes Borges
Paulo Gomes
Thales Silva
Thiê Alves

Equipe Comercial
Adenir Gomes
Ana Claudia Lima
Andrea Riccelli
Daiana Costa
Everson Sete
Kaique Luiz
Luana Santos
Maira Conceição
Nathasha Sales
Pablo Frazão

Equipe Editorial
Ana Clara Tambasco
Beatriz de Assis
Beatriz Frohe
Betânia Santos
Brenda Rodrigues
Caroline David
Erick Brandão
Elton Manhães
Gabriela Paiva
Gabriela Nataly
Henrique Waldez
Isabella Gibara
Karolayne Alves
Kelry Oliveira
Lorrahn Candido
Marcelli Ferreira
Mariana Portugal
Marlon Souza
Matheus Mello
Milena Soares
Patricia Silvestre
Viviane Corrêa
Yasmin Sayonara

Marketing Editorial
Amanda Mucci
Ana Paula Ferreira
Beatriz Martins
Ellen Nascimento
Livia Carvalho
Guilherme Nunes
Thiago Brito

Atuaram na edição desta obra:

Tradução
Gabriela Nascimento

Copidesque
João Guterres

Revisão Gramatical
Alessandro Thomé
Rafael Fontes

Diagramação e Layout
Joyce Matos

Capa
Paulo Vermelho

Editora afiliada à:

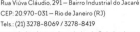

Rua Viúva Cláudio, 291 – Bairro Industrial do Jacaré
CEP: 20.970-031 – Rio de Janeiro (RJ)
Tels.: (21) 3278-8069 / 3278-8419
ALTA BOOKS
GRUPO EDITORIAL
www.altabooks.com.br — altabooks@altabooks.com.br
Ouvidoria: ouvidoria@altabooks.com.br

Para Cail, Madeleine e Aidan
Obrigado por abençoarem a minha história.

AGRADECIMENTOS

Este livro não poderia ter sido escrito sem o amor, a paciência, o suporte e a gentileza de minha dedicada esposa, Anne.

Meu grato apreço também vai para minha agente literária e defensora infalível, Kathy Helmers; minha brilhante editora, Jana Riess; e Dudley Delffs, de quem a ajuda na escrita, nos primeiros estágios, ajudou este livro a decolar. Sou grato ao trabalho de Mickey Maudlin e à equipe editorial da HarperOne, e orgulhoso por terem dado uma casa para este livro.

No meu trabalho diário, ficaria perdido sem minha assistente, Wendy Nyborg; o querido amigo e produtor do podcast *Typology*, Anthony Skinner; minha equipe de administração, Jay King, John Meneilly e Morgan Careny; meu gerente de negócios, Jason Childress; e meu padrinho dos doze passos, Steve L., que salvou minha vida mais de uma vez.

Também gostaria de agradecer aos amigos carinhosos e apoiadores, especialmente Steve e Deb Taylor, Randy e Katie Williams, Michael e Julianne Cusick, Chris e Laurel Scarlata, Mary Gauthier, Ashley Cleveland, reverendos Becca Stevens e Scott Owings, e minha família da Capela de Santo Agostinho. Sou grato pelos meus cães de "apoio espiritual", Percy e Pip. Por fim, deixe-me expressar minha humilde gratidão a todos que bravamente compartilharam suas histórias no *Typology*.

SOBRE O AUTOR

Ian Morgan Cron é um autor best-seller, psicoterapeuta, professor especialista em Eneagrama, pastor Episcopal, vencedor do Dove Award na categoria compositor e apresentador do popular podcast *Typology*. Seus livros incluem o romance *Em Busca de Francisco*; o livro de memórias espiritual *Jesus, My Father, the CIA, and Me* [sem edição em Português]; e *Uma Jornada de Autodescoberta: O que o Eneagrama Revela Sobre Você*.

Conhecido pela transparência, humor e visão sobre o funcionamento interno do coração e da mente humana, Ian usa o sistema de tipificação de personalidades do Eneagrama como uma ferramenta para ajudar as pessoas a cultivarem a autoconsciencialização e a sabedoria emocional. Ele é altamente requisitado para palestrar em grandes conferências e reuniões corporativas. Ian e a esposa, Anne, têm três filhos e vivem em Nashville, Tennessee.

Para começar sua jornada no Eneagrama, leia o livro *Uma Jornada de Autodescoberta* e faça o teste gratuito para descobrir seu tipo no Eneagrama. (Disponível em www.ianmorgancron.com).

Para descobrir mais sobre como se tornar a melhor versão de si mesmo, visite www.typologyinstitute.com.

Para saber mais sobre Ian, incluindo informações sobre palestras, o podcast *Typology* e solicitação de entrevistas, visite www.ianmorgancron.com

SUMÁRIO

1   As Histórias que Contamos: *Reconhecendo o Mito de Quem Você É*   1

2   Mudando a Sua História: *A Genialidade do Eneagrama*   11

3   A História do Oito: *Uma Revolução para o Desafiador*   27

4   A História do Nove: *Um Despertar para o Pacifista*   45

5   A História do Um: *Aceitação Radical para o Melhorador*   61

6   A História do Dois: *Autocuidado para o Prestativo*   77

7   A História do Três: *Pausa para o Performático*   93

8   A História do Quatro: *Balanço para o Romântico*   109

9   A história do Cinco: *Expansão para o Investigador*   127

10   A História do Seis: *Coragem para o Leal*   143

11   A História do Sete: *Profundidade para o Entusiasta*   159

12   A História Maior: *Nós Vivemos Consertando*   175

Notas   183

Índice   191

As Histórias que Contamos
Reconhecendo o Mito de Quem Você É

"O universo é feito de histórias, não de átomos."
— Muriel Rukeyser

Q uando me arrastei para minha primeira reunião dos doze passos para pessoas lutando contra a dependência de substâncias, me senti mais autoconsciente do que um filho bastardo numa reunião de família. Como a maioria daqueles novatos cheios de vergonha, estava com vergonha de pedir que qualquer um me apadrinhasse.

Porém, tinha esse cara.

Jack, um pastor Episcopal e terapeuta aposentado de 75 anos de idade, era um herói da recuperação. Sempre que ele falava nos encontros, seu senso de humor irônico e sua sabedoria conquistada com muito esforço eram aparentes para todos. Ele era um sinal de esperança para aqueles de nós que fizemos por merecer um assento nas "salinhas". Uma noite, após uma reunião, juntei coragem para me apresentar e perguntar se ele consideraria me apadrinhar.

A expressão de Jack se atenuou, um sorriso aparecendo sob seus olhos.

— Faz quanto tempo desde a última vez que bebeu ou se drogou? — perguntou.

— Duas semanas — respondi, olhando para meus sapatos.

— Parabéns! — disse ele, jogando os braços ao meu redor e me abraçando tão entusiasmadamente que pensei que ele quebraria uma de minhas costelas. — Eu vou te apadrinhar!

Sob a mentoria de Jack, minhas duas semanas de sobriedade se esticaram para um mês, então dois, e, antes que percebesse, recebi minha moeda de aniversário, marcando três meses contínuos. Minha vida estava às mil maravilhas, até que Jack jogou uma bomba durante um de nossos encontros semanais, aos domingos de manhã no Colonial Diner.

— Te inscrevi para compartilhar sua história na semana que vem, na palestra de domingo à noite — disse ele, dissolvendo dois sachês de açúcar em seu café.

Grupos de recuperação oferecem diferentes formatos de reuniões. Em uma reunião de palestra, uma pessoa compartilha sua história — como era sua vida antes e durante o uso de drogas e a "experiência, força e esperança" que ela encontrou por meio do programa e ao seguir o passo a passo. É como um testemunho pessoal que pode ser ouvido em uma igreja Batista, só que mais alcoólico.

— Jack, você me contaria se tivesse tido um derrame, não é? — perguntei, meio de brincadeira.

— Não. Por que a pergunta? — questionou Jack, arqueando uma sobrancelha.

— Porque estou sóbrio há apenas três meses. Não estou pronto!

— Você não precisa fazer o Discurso de Gettysburg — disse ele, rindo.

Pelos trinta minutos seguintes, inventei uma desculpa esfarrapada atrás da outra para tentar fugir da palestra, mas Jack não cedeu. Conformado com meu destino, levantei-me e coloquei uma nota de cinco sobre a mesa com tampo de fórmica.

As Histórias que Contamos

— Te vejo no domingo — murmurei, pegando minha jaqueta e caminhando para a porta.

— Vá a cinco reuniões esta semana — avisou Jack, enquanto eu saía.

Sem me virar, acenei um tchau.

— Sim, sim, eu sei.

Nos sete dias seguintes, escrevi e descartei ao menos uma dúzia de rascunhos da história de minha vida. Durante meu abuso de medicamentos, sofri uma série de ataques de pânico e ainda tinha medo de perder o controle em público. Contudo, me matei de trabalhar até ter um rascunho aceitável de minhas desventuras químicas e ensaiá-lo, ignorando o filme na minha cabeça mostrando jatos de vômito e imagens da pintura "O Grito", de Edvard Munch.

Naquele domingo à noite, fiquei diante de duzentas pessoas e contei a "história de minha vida", ao menos como eu a entendia na época. Descrevi como sempre me senti um "convidado perturbado na terra escura".[1] Eu tinha certeza de que faltava algo por dentro que todos pareciam ter — sentia-me como um calouro que perdeu a semana de orientação e não sabia o caminho pelo *campus* como os demais. Enumerei a longa lista de razões para minha autoestima esfarrapada, incluindo a perda de meu pai para o alcoolismo e como eu ainda daria tudo para acreditar que não fui o responsável por sua inabilidade de me amar. Então, descrevi como me senti quando tomei meu primeiro drink — finalmente em casa na minha própria pele, me encaixando, em paz com o mundo. Exceto que, na época, minha vida era como se *O Castelo de Vidro* encontrasse *O Príncipe das Marés* — só que menos esperançosa.

Porém, quando a reunião terminou, eu me senti uma celebridade. Gente atrás de gente vindo me contar as partes de minha história com a qual se identificavam e agradecer por minha disposição em compartilhar. Quando o último foi embora, ajudei a dobrar e guardar as cadeiras e a lavar as garrafas de café, então saí acompanhado por Jack, no banco de passageiros do meu Toyota Corolla.

— Você fez um bom trabalho hoje — disse ele, baixando a janela para deixar escapar a fumaça de seu charuto cubano.

3

— Obrigado — agradeci, aliviado por ter superado minha primeira tentativa de compartilhar a jornada de minha vida.

— É interessante — ponderou Jack. — Enquanto você palestrava, me peguei pensando sobre a história louca que cada um de nós cria para trazer sentido à nossa vida. — Ele observou a fumaça se levantando para fora da janela do carro, parecendo perdido em seu próprio pensamento.

Quando estacionei na entrada de sua casa, Jack me parabenizou uma última vez e saiu do carro, mancando em seu joelho rangente. Eu estava prestes a dar a partida no carro, quando ele se virou.

— Mais uma coisa — disse ele, curvando-se para falar comigo pela janela do passageiro. — Você já se perguntou se está vivendo na história errada?

— É, não — respondi, tentando não fazer uma careta.

— Deveria — disse Jack, dando duas batidas com a mão na capota do carro. Então, virou-se e começou a caminhar com dificuldade pela entrada, desaparecendo na escuridão da noite.

O Poder do Eneagrama

Eu tinha 27 anos quando Jack me fez aquela pergunta. Na época, eu a descartei como um tipo de questionamento excêntrico que apenas um terapeuta septuagenário levantaria quando fosse passada sua hora de dormir.

Hoje, vejo a pergunta de Jack como um grande ponto de virada na transformação da falsa história que contei a mim mesmo sobre quem eu era, uma história que me ajudou a dar sentido a uma infância dolorosa, mas que se tornou um obstáculo para meu crescimento como adulto.

Minha velha história está capturada em uma foto instantânea que ainda tenho de quando eu era um garotinho na praia com minha família. Na foto, estou sentado em um bote salva-vidas encalhado na areia, acenando e sorrindo para a câmera. Lembro-me de que era um lindo dia ensolarado. Eu estou apertando os olhos para a câmera, e todos no fundo estão usando Ray-Bans, fritando sob o sol, as peles bronzeadas e reluzentes com o forte óleo bronzeador Hawaiian Tropic. Parece-me irônico eu estar sentado em um bote salva-vidas. Minha família estava perdida no mar naqueles dias, e, apesar de eu ser criança, me lembro de sentir que meus irmãos e eu estávamos vivendo sob um céu de nuvens cinza. Nosso pai aflito estava afundando nosso barco.

Quinze anos depois, eu era um alcoólatra festeiro, perseguido por meus amigos do grupo de jovens Young Life, que me viam como um valioso projeto de evangelismo. Porém, eu não queria nada com Deus. Na infância, eu O teria amado com todo meu coração, mas passei a acreditar que Ele me abandonou com minha família louca. Estendida à minha frente estava uma vida de se sentir envergonhado, carregando um fardo pesado, com um desejo de ser visto e amado, que eu temia que nunca aconteceria.

Quando comecei a trabalhar em meus problemas, nos meus 20 anos, os ramos verdes de uma nova história começaram a emergir do solo. Foram anos de trabalho árduo e oração até eu criar uma nova narrativa, mas hoje, quando olho no espelho, vejo um marido e pai sóbrio, um pastor Episcopal, psicoterapeuta e escritor.

Onde havia um velho eu, agora há um novo eu.

Onde havia medo e vergonha, agora há dignidade.

Onde havia uma inominável peça perdida, que todos os outros tinham, exceto eu, agora há a crença determinada de que não me falta nada por dentro.

Onde havia solidão e abandono, eu agora tenho uma comunidade gentil e encorajadora que afirma meus dons.

Onde havia uma renúncia triste, agora há uma serena aceitação de que a vida é simultaneamente dura *e* abundante em beleza e graça.

E onde havia falta de sentido, agora há o conhecimento de que continuo a usar toda minha experiência para fazer avançar o amor de Deus em nosso mundo dividido.

Quando atingi outro ponto importante em minha vida, ao descobrir o Eneagrama, isso me ajudou a dar sentido a essa dramática diferença de antes e depois de minha vida. Ainda mais importante — e isso é fundamental para todo este livro —, isso me ajudou a aprender o que precisava fazer para que fosse possível seguir em frente em direção à minha nova história. A transformação em si foi toda pela graça, porém, eu tive a escolha de resistir ou de recebê-la. Queria ter conhecido o Eneagrama quando comecei a jornada de escrever uma nova história para mim mesmo. Teria me poupado tempo.

Tradicionalmente, o Eneagrama se refere a um sistema de tipificação de personalidades que ajuda as pessoas a cultivarem conhecimento. (Para aprender mais sobre o Eneagrama e fazer um teste para determinar seu tipo, visite meu site, www.ianmorgancron.com.). Eu sou o Eneagrama tipo Quatro, que é apenas um dos nove tipos básicos do sistema (*ennea* é a raiz grega para a palavra nove). Chamados de Românticos, os Quatro são pessoas criativas e imaginativas. São sensíveis, empáticos e sintonizados com a beleza e a estética. Parece bom, certo? Porém, como todos os tipos, eles têm um lado sombrio. No caso dos Quatro, isso inclui mau humor, medo de abandono e a crença de que são irremediavelmente insuficientes, dentre outras coisas.

Através dos anos, aprendi que o Eneagrama é uma ferramenta extremamente útil para compreender a mim mesmo e aos outros. Quando fui apresentado ao Eneagrama, durante uma fase difícil de minha vida, sua habilidade de descrever a forma com que eu me movia no mundo me impressionou. Eu me tornei um estudante devoto desse sistema ancestral de personalidade estranhamente certeiro.

Conforme meu fascínio e apreço cresciam, escrevi um livro sobre isso, *Uma Jornada de Descoberta* (em parceria com Suzanne Stabile), e comecei um podcast (*Typology*), no qual explorei o mistério da personalidade humana através das lentes do Eneagrama.[2] Nas páginas a seguir, você conhecerá meus amigos dispostos a compartilhar suas histórias.

Vários anos de estudo do Eneagrama, e eu tive um momento eureca, que aumentou meu apreço por sua sabedoria. Não somente sua descrição de nove tipos diferentes detalha com precisão nossa personalidade, mas o Eneagrama *revela* as nove histórias fragmentadas que cada tipo adota e vive na infância para dar sentido ao mundo — histórias destrutivas, que continuamos a contar a nós mesmos na vida adulta, sobre quem somos e como o mundo opera.

Enquanto aprendemos, as histórias de autodefinição que inventamos na infância mais tarde causam estrago em nossa vida, psicológica e espiritualmente, pois a premissa básica de cada uma delas é uma oposição direta à História Maior e cheia de graça na qual Deus quer que entremos e da qual desfrutemos.

O Eneagrama também nos mostra como escapar da história fragmentada de nosso tipo, saindo do ciclo repetitivo de comportamentos autodestrutivos e percepções erradas que frequentemente nos deixam frustrados, confusos e de coração partido.

O que separa o Eneagrama de outros sistemas de tipificação de personalidades é que ele nos ajuda a criar e viver uma história melhor, mais verdadeira do que a que estamos inconscientemente contentados a viver. Contarei um pouco mais adiante no livro sobre como aprendi a fazer isso sozinho.

Nossa História de Origem

Seres humanos são contadores de histórias incuráveis. Nós contamos histórias de azar, histórias difíceis de acreditar, histórias curtas, histórias da carochinha, histórias tristes, histórias de um só ponto de vista e a eventual "longa história curta".

O que explica o poder e a onipresença das histórias? Nossa própria sobrevivência depende delas. Desde o momento em que chegamos neste mundo, começamos a criar uma história que nos ajuda a dar sentido e significado às coisas dolorosas que nos ocorrem.

Não subestime as crianças pequenas. Elas são muito inteligentes. Elas não captam simplesmente as mensagens dos membros de suas famílias e amigos sobre quem elas são e o que o mundo espera delas; elas as sugam como aspiradores de pó. Com o tempo, criam naturalmente uma história elaborada de sua identidade e de seus valore com base nessas experiências e mensagens inconscientes, uma narrativa que cria fendas profundas no coração delas.

Essa é a história que nos ajudou, quando crianças, a saber onde deveríamos estar e o que precisávamos fazer para nos sentirmos seguros no mundo. De acordo com muitos terapeutas, na verdade, nós construímos nossa vida em torno dessa história que contamos a nós mesmos. Ela forma nossa identidade e personalidade.

Por exemplo, se seu pai te enchia de elogios somente quando você vencia nos esportes, ou se você ouvia o desapontamento na voz de sua mãe quando tirava um B+ no boletim escolar, já pensou consigo mesmo: "Ah, bem, meus pais têm boas intenções, mas são só pessoas superficiais que precisam que eu seja seu pequeno prodígio para inflar sua autoestima e fazê-los parecer bem aos olhos dos amigos?" Claro que não! Você provavelmente percebeu a reação deles e criou uma história em torno da mensagem: "Eu tenho que vencer cada jogo. Eu tenho que tirar nota máxima em todas as provas. Eu tenho que ter êxito em tudo na vida ou as pessoas não me amarão."

Ou talvez você tenha sido uma criança quieta e tímida que teve os desejos engolidos por amigos extrovertidos e irmãos dominadores. Você decidiu "Ei, eu vou pegar um megafone e forçá-los a me notar"? Ou você, inconscientemente, criou uma história em volta da mensagem: "Ninguém nunca ouve ou valoriza minhas opiniões e desejos. Para que desperdiçar tempo e energia expressando-os?"

Talvez você tenha suportado o trauma do divórcio de seus pais, a perda repentina de um irmão, ou o comportamento imprevisível de um membro alcoólatra da família. Você poderia ver além da dor para concluir "A vida é cheia de beleza e terror, mas no fim tudo ficará bem"? Não é uma prece. Até o poeta Rilke não poderia ter tido uma visão como essa aos 7 anos de idade. Em vez disso, você provavelmente chegou a uma conclusão diferente, mais parecida com a ideia de "O mundo é um lugar assustador, imprevisível e doloroso. Se eu não ficar vigilante o tempo todo, não estarei pronto quando o desastre atacar novamente".

As Histórias que Contamos

Agora, perceba como cada uma dessas narrativas corre contrariamente à história da graça. Deus exige que tenhamos sucesso para sermos amados? Deus insiste que caiamos no chão de exaustão antes que possamos encontrar a paz? Deus diz que vamos nos sentir seguros no mundo apenas se vivermos em medo perpétuo do pior? Acho que não.

Porém, uma vez que nos privamos dessas histórias, nunca nos ocorre que podemos questioná-las ou reescrevê-las. Todos os dias se tornam nosso próprio O *Feitiço do Tempo*. Como o personagem do Bill Murray no filme, preso no que aparenta ser um ciclo de repetição sem fim, nós reciclamos os mesmos eventos e erros repetidas vezes. Vemos aquilo que nos condicionamos a ver, não importa o quão mais velhos estejamos ou o quão diferentes as circunstâncias possam ser desde os campos de treinamento de nossa infância.

Contudo, eis a questão: essas histórias são mitos desgastados. São úteis e necessárias na infância, claro. Porém, fazem uma bagunça em nossa vida quando continuamos a acreditar sem criticá-las na vida adulta. Como Carl Jung uma vez escreveu: "Não podemos viver a tarde da vida de acordo com o programa da manhã da vida, pois o que foi bom na parte da manhã será pequeno à noite, e o que, pela manhã, era verdade, à noite se torna uma mentira."[3] Aquilo que nos dá apoio na infância nos frustra na vida adulta. Nossas velhas histórias continuam a operar de forma autônoma nas sombras do coração e se tornam inimigas de nosso crescimento.

Felizmente, podemos construir uma história diferente na vida adulta. Não podemos mudar os fatos do que aconteceu no passado, mas podemos mudar como nos apresentamos na vida no presente. Nos capítulos a seguir, aprenderemos como cada um de nós pode reescrever a história de sobrevivência de nosso tipo de Eneagrama.

É hora de descartar o velho enredo. Fazê-lo está sob seu poder, e escrevi este livro para te mostrar como. Assim como Mo Willems, o autor infantil, uma vez escreveu: "Se você alguma vez se encontrar na história errada, saia dela."[4]

Mudando a Sua História
A Genialidade do Eneagrama

> *"É como se todos contassem uma história sobre si dentro de sua própria cabeça. Sempre. O tempo todo. Essa história te torna quem você é. Nós nos construímos a partir dessa história."*
> — Patrick Rothfuss

Meu amigo Donald Miller entende o poder da história. Ele escreveu uma boa quantidade de livros, incluindo vários que ajudam empresas a descobrir a história de suas marcas e como comunicá-la aos clientes.

Para Don, os elementos de uma boa história não são complicados, seja para empresas ou indivíduos.[1] O problema é que muitas pessoas sentem vagamente que estão vivendo uma história que não funciona mais para elas. Em algum momento no início da vida, Don se sentiu assim. Ele estava com dificuldades financeiras e diz que "gastou incontáveis horas" sentindo pena de si mesmo.[2] Ele também chegou a pesar 175 quilos, o que é difícil de conciliar com o Don saudável que conheço.

Normalmente, quando você pergunta às pessoas que perderam muito peso como conseguiram, elas tagarelam sobre seu treinador da academia que é ex-membro dos Navy SEAL, ou os barris de suco de cenoura com beterraba que bebem diariamente, e você provavelmente se sentirá mal por ter perguntado. Mas Don não fez isso. Quando ele me explicou como perdeu quase a metade de seu peso, focou em algo completamente diferente.

— Eu passei por isso e mudei entrando numa história que me exigia pesar menos — disse ele.

Ele entrou numa nova história. Que ideia curiosa.

Ao longo do caminho, ele também fez dieta e pedalou de Los Angeles até Delaware, então não pense que sua perda de peso não exigiu um grande esforço. (Desculpa, pessoal). Porém, a força-chave que o levou a fazer isso foi a determinação de viver uma história diferente daquela que vinha contando a si mesmo a maior parte de sua vida.

— Acho que a maioria das pessoas não percebe que elas têm livre-arbítrio para escrever suas histórias — disse ele.

A maioria de nós está lendo roteiros antigos. Parte deles nós escrevemos, e outra parte nos foi dada por pessoas importantes em nossa vida. Em muitos casos, esses roteiros nos ajudam a percorrer o terreno rochoso da infância e início da vida adulta. Porém, em determinado momento, as histórias pararam de nos servir, e nós começamos a servir às histórias. É assim que hipotecamos nosso futuro.

Alguns de nós se tornam vagamente cientes de que superamos nossas velhas histórias, mas não sabemos como escapar delas. Alguns de nós são ainda menos autoconscientes, engajando-se sem pensar em ciclos repetitivos do mesmo de sempre, tentando descobrir como nos enfiamos nessa bagunça — outra vez. Como James Hollis disse: "Ninguém acorda de manhã, olha no espelho e diz 'Acho que vou repetir meus erros hoje', ou 'Tomara que hoje eu faça algo bem estúpido, repetitivo, regressivo e contra meus melhores interesses'. Mas, frequentemente, essa repetição da história é precisamente o que fazemos, pois não estamos cientes da presença dessas energias programadas, as ideias centrais que adquirimos, internalizamos e às quais nos rendemos."[3]

Aqui estão as palavras de Don Miller: "Se quiser mudar, escolha uma nova história." Pode isso ser tão simples?

Sua Velha História Não Está Funcionando

A personal organizer Marie Kondo publicou, alguns anos atrás, um best-seller chamado *A Mágica da Arrumação*. Caso não tenha lido, a premissa básica do livro é a de que toda sua vida melhora quando você começa a purgar suas coisas. (Ela me perdeu quando disse que precisamos ter apenas trinta livros. Perdi o foco). A mensagem do livro em si foi boa: ela diz que os leitores devem fazer um inventário de cada coisa a qual estão se agarrando e se perguntar se isso ainda causa "faíscas de alegria". Se não causa, devemos agradecer ao objeto por qualquer alegria ou utilidade que ele uma vez nos proporcionou e jogá-lo na pilha da doação.

Ainda que tal abordagem tenha algumas limitações (prefiro comer vidro a jogar minha biblioteca fora), é um bom ponto de partida para aquilo que podemos fazer com nossas velhas histórias. Para ser honesto, muitas das histórias que contamos a nós mesmos são ruins. Elas não são úteis, nem nos fazem mais felizes. Em vez disso, elas constantemente nos tornam (e aos outros também) miseráveis. Devemos isso a nós mesmos e àqueles que sempre procuramos.

Sim, podemos agradecer a essas histórias antes de dizer-lhes adeus. Elas nos dão uma forma de imputar significado às experiências para formar um senso coerente de si mesmo e criar um traje de estratégias de enfrentamento. Porém, mudá-las não é simplesmente uma maneira de dizer "Obrigado, história falsa, por todas as maneiras pelas quais você me ajudou no passado" e, então, jogá-la na pilha de doação, pois ela passou de seu tempo útil. Algumas histórias estão tão enraizadas que ficamos lerdos para reconhecer que elas já atingiram seu ápice há muito tempo.

Sinais de que Você Vive uma História Fragmentada

Se recusarmos o chamado de nossa alma para mudar a narrativa da nossa infância, ficaremos estagnados. Queremos mudar, mas não sabemos como.

No nível mais básico, existe um motivo pelo qual é difícil reconhecer que essas velhas histórias de infância comandam o espetáculo: *elas estão sempre lá*. Como diz o velho ditado, nenhuma prisão é tão segura quanto aquela em que não sabemos que estamos presos.

Quer saber se está vivendo uma narrativa velha e fragmentada? Considere estes indícios.

- Você olha no retrovisor de sua vida e vê um campo de escombros de relacionamentos partidos.
- Você sempre consegue o emprego errado.
- Você tende a ficar em relacionamentos além de seu prazo de vencimento.
- Você está física, emocional e espiritualmente esgotado e não sabe o porquê.
- Você fica bravo de forma desproporcional ao motivo.
- Você reage impulsivamente a pessoas e circunstâncias, em vez de responder de forma pensada.
- Você tem uma suspeita irritante de que está lendo um roteiro que alguém lhe entregou.
- Você não consegue parar os constantes comentários negativos sobre si mesmo que passam por sua mente.
- Você desenvolveu vícios que sabe que são máscaras para a dor que não quer confrontar.
- Você se sente desapontado por sua vida ter se tornado menos do que sonhou que ela seria.

Pode ser que você já esteja ciente de que vive uma história fragmentada e, talvez, até tenha tentado mudá-la. Você leu livros e foi para refúgios, participou de conferências e contratou coaches e conselheiros, juntou-se a grupos e conseguiu financiadores. Porém, mesmo sabendo que as mensagens que internalizou quando criança não estão funcionando como adulto, é preciso mais do que pilates ou andar em carvão quente num seminário do Tony Robbins para superá-las.

Somos todos fortemente leais a narrativas fragmentadas — pois, quem seríamos sem elas?

Dentro do Eneagrama

O Eneagrama nos dá pistas de quem somos, presos em nossas falsas histórias e livres para reescrevê-las. Ele apresenta uma constelação marcante de novas histórias arquetípicas, comuns para toda a experiência humana, que adotamos e vivemos na infância para dar sentido a quem somos e descobrir como esse estranho mundo novo funciona.

Talvez você esteja pensando: *Só nove histórias para estimadas 108 bilhões de pessoas que já passaram por este planeta? Ridículo!* Eu sei, mas por que não? Críticos literários acreditam que existem apenas sete enredos básicos na literatura e nos filmes. São essas as únicas narrativas que nos aprisionam? Não faço ideia. Tudo o que sabemos é que essas nove narrativas aparecem tão frequentemente na família humana que deveríamos, ao menos, prestar atenção nelas.

Apresentarei algumas pessoas sábias que têm usado o Eneagrama para reconhecer as histórias fragmentadas nas quais elas acreditaram quando crianças, identificar as maneiras como elas limitavam a própria vida e viver a verdadeira história que podem escrever para si. Aqui está um panorama de como cada um dos nove tipos se adere a uma história em particular.

TIPO OITO: O Desafiador

A história do Oito gira em torno de sua crença de que vivemos em um universo de cada um por si, onde os poderosos dominam e tiram vantagem dos fracos e inocentes. Intimidador, energético, autocrático, autoconfiante e autoritário, os Oitos impõem força e poder sobre as pessoas e o ambiente para mascarar a vulnerabilidade e a fraqueza de si mesmos e dos outros. (Pode parecer estranho que essa lista começa com o tipo Oito, no lugar do Um, mas isso se dá pela estrutura do Eneagrama. Tipos Oito, Nove e Um estão na mesma "tríade instintiva", então eles aparecem juntos aqui e na ordem dos capítulos.)

TIPO NOVE: O Pacifista

A história do Pacifista revolve em torno da crença inconsciente de que o mundo pensa que a presença dele não importa. Assim sendo, para evitar a desconexão e manter a paz, os Noves acreditam que eles devem seguir o fluxo, evitar conflitos e mesclar-se com as preferências, pontos de vista e prioridades dos outros. Descontraídos, afáveis e, às vezes, complacentes, os Noves não se impõem e arriscam tornarem-se "abnegados".

TIPO UM: O Melhorador

Os tipo Um são honestos, conscientes, detalhistas, autodisciplinados e pessoas moralmente heroicas. A premissa básica de sua história é a crença de que o mundo ama e retribui apenas as pessoas "boas" e julga as "ruins". Quem está preso na história do Melhorador tenta ganhar amor e um senso de controle ao diminuir a raiva, alcançando os próprios alto padrões internos e buscando melhorar a si mesmo, os outros e o mundo. (Em *Uma Jornada de Descoberta*, esse tipo era nomeado de o Perfeccionista, mas mudei e passei a chamá-lo de Melhorador. Se eu ganhasse uma moeda para cada tipo Um que me agradeceu por fazer essa mudança, seria mais rico que o Jeff Bezos).

TIPO DOIS: O Prestativo

Os Dois são generosos, apoiadores, carinhosos e pessoas de coração servil que querem desesperadamente ser queridas e apreciadas. Pessoas que vivem a infeliz ficção dos Prestativos, inconscientemente, acreditam que não podem ser amadas por quem elas são, somente por aquilo que fazem pelos outros. Assim, faz sentido rejeitar suas próprias necessidades, e ajudar o próximo se torna sua estratégia para ganhar amor e aprovação.

TIPO TRÊS: O Performático

Os tipo Três são impulsionados, alcançam metas, são conscientes de sua imagem e são pessoas focadas em conquistas, das quais a história dominante é baseada na noção errônea de que ser bem-sucedido e evitar o fracasso a todo custo é o único caminho para ser valorizado e amado.

TIPO QUATRO: O Romântico

Os Quatros são criativos, sensíveis, temperamentais e pessoas emocionalmente intensas, das quais a história gira em torno da ideia equivocada de que elas perderam algo crucial dentro de si e, até que isso seja recuperado, nunca serão amadas e compreendidas, ou se sentirão completas e bem-vindas no mundo. Dependentes do próprio sofrimento, elas procuram fortalecer sua autoimagem instável e conseguir o pertencimento ao aparentar ser especiais e únicas.

TIPO CINCO: O Investigador

Privados, muito observadores, analíticos e emocionalmente distantes, a história dos Cincos é centrada na ideia de que o mundo é intrusivo e faz mais exigências do que eles conseguem cumprir. Dessa forma, os Cincos se protegem contra a intrusão ao reduzir suas próprias necessidades, observando, em vez de participar na vida, se isolando e ganhando conhecimento para repelir sentimentos de inaptidão e inadequação.

TIPO SEIS: O Leal

Quentes, confiáveis, questionadores e ansiosos, a história dos Leais revolve em torno de sua crença de que o mundo é um lugar perigoso, no qual a única forma de se sentir seguro e certo é permanecendo supervigilante, forjar alianças fortes e se preparar para o pior.

TIPO SETE: O Entusiasta

A narrativa autolimitadora dos Setes vem de sua crença inconsciente de que emoções dolorosas, pensamentos ou situações devem ser evitadas a todo custo. Charmosos, inteligentes, divertidos, focados no futuro, otimistas e aventureiros, os Setes têm medo de ficarem presos em sentimentos negativos dos quais não conseguem escapar.

Escolhendo uma Nova História

Os fãs do Eneagrama frequentemente expressam surpresa com o quão bem ele os descreve. Contudo, é só isso que ele oferece — uma descrição estática de seu tipo de personalidade sobre o qual podemos conversar em festas ou postar memes bobos no Instagram? Não mesmo! O Eneagrama é uma receita para mudanças mais profundas.

Quanto mais leio sobre a história do Romântico (Quatro), mais percebo que tenho me prendido a uma narrativa para construir uma mentira. Distorci meu entendimento de mim mesmo e me impedi de me tornar quem eu realmente sou. Caso quisesse me tornar a versão mais saudável e de maior expressão de Ian Cron, eu teria que sair da velha história do Romântico e entrar na nova.

Veja bem: o resumo do que aprendi como psicoterapeuta, pastor Episcopal, diretor espiritual e uma pessoa com sua própria jornada de transformação se resume em um único fato.

Toda transformação começa com uma história de transformação.

Você não mudará se não se libertar de sua história de infância velha e autodefinidora. Esse é o trabalho que temos que fazer, e o Eneagrama pode nos ajudar. Eu poderia fazer uma oração final e passar a cestinha de doações agora, mas há muito, muito mais para aprendermos sobre retomar a autoria de nossas histórias.

A professora Cynthia Bourgeault conta uma parábola brilhante em seu livro *The Wisdom Way of Knowing* [sem edição em Português] que ilustra a batalha que enfrentamos para nos livrarmos de nossa velha história por uma história mais verdadeira e melhor de se materializar:

> Era uma vez, em um lugar não tão distante, um reino de bolotas localizado aos pés de um grande e velho carvalho. Visto que os moradores do reino eram bolotas modernas, totalmente ocidentaliza-

das, elas viviam suas vidas com energia significativa; e já que eram bolotas baby-boomers de meia-idade, elas se engajavam em vários cursos de autoajuda. Tinham seminários chamados "Obtenha o Máximo que Puder da Sua Casca". Havia spas para lubrificar e polir suas cascas e várias terapias bolotopáticas para aumentar a longevidade e o bem-estar.

Um dia, no meio desse reino, apareceu de repente um pequeno estranho nodoso que, aparentemente, caiu "sem mais nem menos" perto de um pássaro que passava por ali. Ele estava sujo e sem o tampo, causando uma impressão negativa imediata em suas colegas bolotas. Então, agachado abaixo do carvalho, ele balbuciou uma história excêntrica. Apontando para cima, para a árvore, ele disse:

— Nós... somos... aquilo!

Um pensamento delirante, obviamente, as outras bolotas concluíram, mas uma delas continuou a engajar na conversa com ele:

— Então, diga-nos, como nos tornaremos aquela árvore?

— Bem — disse ele, apontando para baixo —, tem algo a ver com ir para dentro da terra... e quebrar a casca.

— Insano — responderam. — Totalmente mórbido! Por quê? Assim não seríamos mais bolotas.[4]

Enquanto sua velha concha permanecer intacta, você nunca se tornará quem deveria ser — um carvalho. Sua velha história precisa se abrir para que a semente de seu eu autêntico possa crescer. Não estou dizendo que você mudará por completo esses traços que lhe fazem quem você é. Se for um tipo Investigador (Cinco), você provavelmente ainda valorizará seu tempo sozinho e, avidamente, aprenderá coisas novas, em vez de se engajar em pequenas conversas em festas lotadas. Porém, se estiver pronto para fazer o trabalho pesado, descobrirá o valor e a satisfação que vêm ao cultivar relacionamentos profundos e transparentes.

E se for um Desafiador (Oito), você pode expor seu coração gentil e sobreviver para contar a história, aprendendo que sua própria fraqueza humana é, paradoxalmente, uma força.

Esse é um trabalho difícil, entrar em uma história nova e mais verdadeira não acontecerá sem confrontar a mesma resistência colocada pelas bolotas cegas na parábola de Bourgeault.

Mudando da Paixão para a Virtude

As pessoas frequentemente me perguntam: "O que você quer dizer com nós termos que fazer o trabalho?" O trabalho começa ao reconhecer e desconstruir nossa velha história para criar uma nova e melhor. Então, começamos a lidar com a Paixão de nosso tipo.

Felizmente, o Eneagrama oferece um mapa para irmos do Ponto A (velha história fragmentada) ao Ponto B (história nova e melhor). Tudo que fizermos juntos neste livro foi pensado para ajudá-lo a se mover da Paixão padrão de seu tipo (seu Ponto A) até sua Virtude (seu Ponto B), deste modo, reescrevendo toda sua velha história.

As palavras "Paixão" e "Virtude" podem soar confusas. (Como Inigo Montoya diz em *A Princesa Prometida,* "Você continua usando essa palavra. Não acho que ela significa o que você pensa que ela significa"). No dialeto do Eneagrama, sua Paixão é, por vezes, também chamada de "pecado capital", o que lhe dá uma dica de que se trata de muito mais do que uma simples emoção profunda. A Paixão de um Eneagrama não é algo pelo qual você se sente "apaixonado", é uma influência destrutiva, como em "consumido pela paixão" ou um "crime passional".

Sua Paixão é a força emocional inconsciente sempre presente ou a motivação causando comportamentos autodestrutivos que, apesar dos seus esforços, você não foi capaz de impedir. Quando você está em suas garras, ela te faz agir de formas que machucam você e os outros. É a "mentira" do seu tipo, perpetuando a história antiga e desgastada como uma estratégia condenada por satisfazer suas necessidades e seus desejos, como amor, segurança ou um senso de controle. Ironicamente, ela te impede de alcançá-los.

Mudando a Sua História

Considere como essa percepção pode estar trabalhando em sua vida: *sua Paixão é a fonte de seu sofrimento*. Sua falsa promessa é inimiga do seu crescimento. Se você não acredita que sua Paixão é a raiz de sua dor, lembre-se de que a própria palavra Paixão vem da raiz em latim para a palavra Sofrimento, como em a Paixão e Morte de Cristo.[5] É o fruto da angústia que você sente.

A rota de escape construída no Eneagrama é a correspondente Virtude de cada tipo, que pode superar a Paixão e desmantelar sua falsa história. De uma versão simplificada da formulação do professor de Eneagrama Oscar Ichazo, o que estamos chamando de "Ponto A" e "Ponto B"" se parecem da seguinte forma:[6]

	Paixão	Virtude
O Desafiador: Oito	Luxúria	Inocência
O Pacifista: Nove	Preguiça	Ação Correta
O Melhorador: Um	Raiva	Serenidade
O Prestativo: Dois	Orgulho	Humildade
O Performático: Três	Engano	Autenticidade
O Romântico: Quatro	Inveja	Equanimidade
O Investigador: Cinco	Avareza	Desapego
O Leal: Seis	Medo	Coragem
O Entusiasta: Sete	Glutonaria	Sobriedade

Seu caminho para a liberação listada no Eneagrama começa ao reconhecer as maneiras pelas quais sua vida tem sido limitada pela Paixão do seu tipo — e, por meio da sua Virtude, reconhecer quem você verdadeiramente é quando sua Paixão não está mais comandando o espetáculo de forma inconsciente.

Reescrevendo a Sua História

Por exemplo, para contrariar sua Paixão, tipos Oito saudáveis se esforçam para recuperar sua inocência, revelando — e deleitando-se — os sentimentos mais tênues que aprenderam a enterrar bem fundo. Um Oito que eu conheço, Chris Cruz, se reconecta com sua inocência quando lê histórias com seu filho. É um dos raros momentos em que ele permite se sentir vulnerável — o que ele diz fazê-lo se sentir "incrivelmente estranho, quase nu"—, mas é um caminho adiante na nova história que ele está escrevendo para si, uma história na qual ele tem coragem de estar indefeso.[7]

Os Melhoradores, tipo Um, podem cultivar serenidade ao aceitar as coisas como elas são, não como eles querem que sejam. A "oração da serenidade" poderia ter sido escrita com um tipo Um em mente: "Concedei-nos, Senhor, a serenidade necessária para aceitar as coisas que não podemos modificar, coragem para modificar aquelas que podemos e sabedoria para distinguir umas das outras." Quem percebe que não é responsável pela melhora de tudo ao seu redor, que pode adquirir a "sabedoria para distinguir" entre o que é ou não sua responsabilidade de mudar, pode reconhecer sua bondade inerente e experimentar a serenidade. Em serenidade, eles param de categorizar tudo como bom ou ruim, ou certo e errado, e podem se livrar da exaustiva necessidade de consertar tudo. Eles também podem se livrar da igualmente exaustiva necessidade de se destacar em tudo.

Minha amiga Julianne Cusick, que é tipo Um, diz que, quando era mais jovem, seu desejo por perfeição era geralmente tão paralisante que ela não tentava coisas novas caso fosse ruim nelas.[8] Essa atitude a manteve congelada no mesmo lugar por anos, com medo de fracassar. Julianne diz que sua nova história exigiu dela aprender a beleza da verdade: que "qualquer coisa que vale a pena fazer, vale a pena fazer mal. Vamos apenas fazer. Vamos experimentar isso, em vez de ficarmos paralisados pelo medo do fracasso". Sua nova história poderia se chamar *Progresso, Não Perfeição*. Quando Melhoradores podem dizer essas palavras com convicção, eles estão no caminho certo para adentrar uma nova história.

VPDR

Porém, é claro, a transformação não é simplesmente uma questão de aprendizado: "Bem, Melhorador, claramente seu problema é que sua velha história tem muito a ver com estar bravo com o mundo e consigo mesmo por não ser perfeito. Relaxa! Aceite a vida nos termos dela! C'est fini!" Aliás, é um processo para toda a vida fazer escolhas que levarão ao crescimento.

A genialidade do Eneagrama é que ele não somente revela o *que* precisa ser mudado, mas também *como* mudar. Realizar a jornada de mudar de Paixão para Virtude revolucionou minha vida, assim como a vida de muitas pessoas cujas histórias você lerá neste livro. Você perceberá que quatro elementos principais são comuns para essas histórias de transformação de Eneagrama, que descrevo como quatro passos para mudar por meio da sigla VPDR [SOAR, no original]: Ver, Possuir, Despertar e Reescrever.

Ver. O autor Wendell Berry uma vez escreveu: "Se você não sabe de onde você é, terá dificuldades de dizer para onde vai." O primeiro passo para a transformação com o Eneagrama é ver onde sua velha história começa — exumar os acontecimentos que machucam, as crenças tidas como garantidas que não foram desafiadas, e as inúteis mensagens internalizadas de sua infância que ainda dominam sua vida hoje. Chamo isso de sua história de origem.

Como um tipo Quatro, descobri que "Ver" significava mergulhar na história do que aconteceu comigo crescendo em uma casa com um pai alcoólatra viciado em drogas. Isso implicou escrever a respeito e compartilhar com um amigo de confiança.

Não entre em pânico se você não se considera um escritor. Esse será um exercício libertador, mesmo que não seja um John Irving. O passo de "Ver" o ajudará a descobrir todas as histórias falsas e autolimitadoras e crenças equivocadas sobre o que você tem que fazer e quem deve ser para encontrar amor, segurança e um senso de controle em um mundo aterrador.

Possuir. O segundo passo envolve explorar tanto o lado sombrio quanto as forças de cada tipo. Esse é um execício desconfortável, mas curativo, e quanto mais você se dedica, mais resultados consegue. Nenhuma quantidade de informação de Eneagrama pode lhe transformar, a menos que seja rigorosamente honesto consigo mesmo sobre quem você é. Isso requer um inventário, que não é um exercício de autocastigo. Pense em si mesmo como um comerciante que está desapaixonadamente fazendo inventário de todos os itens em sua loja. Você olha em volta e diz: "Aqui está uma garrafa de leite coalhado que precisa ser descartado. Aqui está um tomate infestado de vermes indigno de ser plantado." Você está descartando o velho para abrir espaço para o novo.

Para mim, fazer um inventário ajudou a entender como as crenças falsas e escolhas inconscientes que fiz quando estava preso em minha velha história prejudicaram minha autoestima e meus relacionamentos. No passo de "Possuir", eu tive que lamentar as oportunidades perdidas, como saí dos trilhos e como encontrei conforto nas drogas e na bebida para aliviar minha dor. Porém, também tive que aprender a possuir o que era mais bonito a meu respeito. Isso revelou minha qualidade original, de que eu era merecedor de um relacionamento e que pertencia ao mundo.

Despertar. Ao passo que reconhecemos os efeitos de nossa velha história no passado, podemos caminhar para o presente. Nossas velhas histórias têm uma qualidade hipnotizadora. Uma vez que começamos a vê-las e possuí-las, podemos começar a despertar para como certas situações e estresses podem nos causar gatilhos e fazer com que caiamos de volta na velha narrativa.

Uma parte importante desse passo é cultivar vigilância, uma prática importante com o Eneagrama. Sem isso, não podemos observar nossos próprios comportamentos em tempo real. Vigilância envolve prestar atenção ao que está acontecendo no presente momento, quando nos pegamos no ato de voltar para nossa velha história. O Eneagrama ensina que, quando podemos dar um passo atrás e "nos pegamos no ato", as garras da nossa Paixão começam a se dissolver. No passo de

"Despertar", desenvolvemos uma consciencialização avançada e aprendemos a resistir à força gravitacional de nossa Paixão.

Reescrever. Dirigir-se ao passado e ao presente nos prepara para fazer escolhas à luz do futuro. Porém, como saberemos como o futuro transformado se parecerá? Apesar de isso parecer passivo, neste ponto você já limpou tantos dejetos que sua nova história começará a se revelar sem que tenha que forçá-la.

Todavia, há também duas coisas proativas que eu sugeriria. A primeira seria simplesmente renomear sua história. A minha velha história costumava se intitular *O Garoto Perdido*. Agora eu a renomeei para *O Homem Redimido*. Na reescrita, não sou mais a vítima de minha história; eu sou o herói. Quando renomear sua história, você será capacitado a dar os passos que lhe ajudam a viver de acordo com o novo título.

Outra estratégia proativa está em reconhecer que a reautoria de sua narrativa não é uma questão de um mais um. É a tarefa de uma vida. Conforme se afasta (ah, sim, você vai) das Paixões padrão do seu tipo e se aproxima de sua Virtude, você aprende o poder de fazer o contrário daquilo que normalmente faria, respondendo a situações (e pessoas) difíceis de formas novas e criativas.[9] O objetivo é desafiar as velhas crenças tidas como certas de sua falsa narrativa e ajudá-lo a destravar.

Há uma antiga prática espiritual que incluí como parte dos passos da reescrita — *agere contra*; literalmente, "agir contra." O conceito vem de Santo Inácio de Loyola. O padre Jesuíta canadense Edmund Lo diz que isso se trata de rejeitar ativamente padrões antigos que nos deixam travados:

> Podemos ficar presos a padrões de comportamento que aparentemente fazem com que nos sintamos mais seguros, sejam eles nossas inseguranças, dúvidas ou a má vontade de sermos tirados de nossa zona de conforto. Eles nos impedem de viver nossa vida por completo na forma como o Senhor planejou. Quando vivemos nossa vida em Espírito e em Verdade, vivemos a verdadeira liberdade. *Agere contra* nos ajuda a confrontar essas coisas que nos impedem de conquistar tal liberdade; melhor ainda, nos ajuda a crescer até essa liberdade.[10]

Reescrevendo a Sua História

Agere contra se baseia na ideia de que podemos, como Lo aponta, nomear o que está tomando conta de nós e guiando nosso comportamento — nossa velha história. Então, podemos ativamente escolher fazer outra coisa.

Agere contra é uma importante ferramenta para o quarto passo do VPDR. Enquanto reescreve sua narrativa, pergunte a si mesmo: *Quem eu era antes de o mundo me dizer quem eu deveria ser? Quem eu seria e o que conseguiria se tivesse rechaçado a falsa história sobre quem eu penso que sou e a natureza do mundo? Que decisões posso tomar hoje para viver a nova história que me ajudará a me tornar a melhor e mais verdadeira expressão de mim mesmo?*

Nos capítulos a seguir (assim como no caderno de exercícios que você pode fazer sozinho ou em grupo), exploraremos os traços característicos da história de sobrevivência de cada tipo de Eneagrama e, então, ofereceremos sugestões práticas para o crescimento ao trabalhar através desses quatro passos.

Agora, finalmente e mais importante, antes de começar "o trabalho", lembre-se de que lhe foi dado algo lindo quando você recebeu a si mesmo. Algo que nasce no mundo por meio de sua vida. Na parede de meu escritório eu tenho uma oração escrita por George Appleton, que eu gosto de repetir de tempos em tempos. Talvez ela o ajude a embarcar nessa jornada de adentrar uma nova história.

> *Dê-me uma vela do espírito, Oh, Deus, enquanto eu mergulho mais fundo no meu próprio ser.*
>
> *Mostre-me as coisas escondidas. Leve-me à primavera da minha vida e conte-me minha natureza e meu nome.*
>
> *Dê-me liberdade para crescer para que eu me torne meu verdadeiro eu — a plenitude da semente que plantou em mim na minha criação.*[11]

Agora, vamos ao que interessa.

A História do Oito
Uma Revolução para o Desafiador

"Há uma teimosia em mim que não suporta ser assustada pela vontade dos outros. Minha coragem sempre aumenta a cada tentativa de me intimidar."
— Jane Austen, *Orgulho e Preconceito*

Minha mãe, de 93 anos de idade, vive em um asilo, na Pennsylvania. No início da pandemia, eu telefonei para saber se ela estava preocupada em pegar o vírus mortal, que se espalhava tragicamente como um incêndio pelas comunidades de cuidados contínuos do país.

— O Covid já te atingiu? — perguntei, sabendo que minha mãe iria se eriçar se eu abordasse o assunto com aquela voz adocicada que os terapeutas usam quando estão se esforçando demais para soarem empáticos.

— Ele não se atreveria — disse ela, com sua característica voz rouca.

Leitores de *Uma Jornada de Descoberta* sabem que minha mãe, de Eneagrama tipo Oito, fumou Pall Malls por 75 anos. A única razão pela qual ela finalmente parou foi quando o geriatra a avisou de que seu tanque de oxigênio explodiria caso ela acendesse um cigarro perto dele, e eu fui, finalmente, capaz de convencê-la de que se explodir no corredor do bingo seria uma experiência desconfortável.

— O que te faz pensar ser imune ao Covid? — retruquei, abafando uma risada.

— Os glóbulos brancos do meu sangue meteriam o pé no traseiro dele. — Ela roncou uma risada. O mal humor da minha mãe é, em parte, fruto de temperamento, mas também de uma infância dolorosa. Saber do trauma pelo qual ela passou quando jovem me fez ter compaixão por ela e por muitas mulheres tipo Oito que tive o prazer de conhecer; cada uma delas com uma versão diferente da mesma luta por sobrevivência.

Minha mãe ainda era criança quando decidiu que não deveria confiar nas pessoas. Cedo ou tarde, elas a machucariam ou a trairiam.

Infelizmente, ela aprendeu essa lição primeiro em casa.

Minha mãe cresceu em uma família abastada em Long Island. Sua casa parecia melhor do lado de fora do que do lado de dentro. Seu pai era um CEO de sucesso em uma grande empresa de manufatura e amado pela comunidade. Ele também era um homem violento e raivoso que aterrorizava a ela e aos seus quatro irmãos.

— Toda noite, às seis, nós espiávamos pela cortina para ver nosso pai chegando em casa do trabalho — minha mãe uma vez confessou. — Conseguíamos identificar o humor dele pela expressão em seu rosto e pelo jeito como ele andava. Se estivesse carrancudo e marchando pela calçada, nós nos escondíamos no sótão.

Sua infância angustiante fez minha mãe se sentir vulnerável, e vulnerabilidade não é um sentimento de que ela gosta. Se quisesse sobreviver, teria que se tornar forte e poderosa.

Entristece-me pensar que ela, tão cedo na vida, internalizou a mensagem de que era a única pessoa em quem ela poderia confiar para cuidar de si. É um fardo que ela carregou por 93 anos.

Ver: A História de Origem do Oito

Minha mãe não falava frases completas até os 5 anos de idade.[1] Hoje, nós sabemos que um percentual significativo de crianças que começam a falar tarde se provam ser incrivelmente espertas e talentosas. Se não acredita em mim, pergunte a Albert Einstein. Nossa, ele não falou frases completas até os 5 anos de idade![2] Porém, em 1933, crianças que começavam tarde eram consideradas "atrasadas" e frequentemente eram vítimas de bullying. Então, no primário, minha mãe aprendeu que sua casa não era o único lugar inseguro.

— Um dia, no jardim de infância, outra garotinha e eu estávamos brincando no balanço, depois da aula, quando a mãe dela se aproximou, segurou sua filha pela mão e disse: "Não quero você brincando com retardados." Eu nunca tinha ouvido aquela palavra antes, mas pude entender, pela sua expressão, que significava que havia algo terrivelmente errado comigo — lembrou. — Aquela garota deve ter contado para a turma toda o que sua mãe dissera, pois, no dia seguinte, todas as crianças da escola estavam me chamando por aquela palavra horrível. Os insultos não pararam, até que eu, finalmente, comecei a falar, mais tarde naquele ano. Desde que comecei, eu nunca parei. — Conhecendo minha mãe e um pouco de psicologia, suspeito que foi por volta do tempo em que ela internalizou duas mensagens. A primeira foi: "Não confie em ninguém. Eles te trairão e partirão seu coração." A segunda foi: "Esse mundo esmaga os fracos. Se você não quiser terminar à mercê da multidão, então deve levantar e lutar por si mesma."

E foi isso que minha mãe fez. Ela lutou.

Na época em que estava no ensino médio, ela ganhou uma reputação por ser cabeça firme e bem articulada. As freiras de sua escola católica de ensino médio lhe disseram que ela era muito barulhenta, muito mandona, muito opinativa, muito certa de si mesma. *Muito tudo.*

— Eu sempre precisei segurar as rédeas da minha vida, — disse-me ela uma vez, enquanto tomávamos café —, mas meus amigos amavam minha coragem e a maneira com que eu tomava o controle das coisas, então eles sempre me empurravam para a posição de liderança. No

Reescrevendo a Sua História

meu penúltimo ano, meus pais me mandaram para uma nova escola. Apenas um mês lá, antes de eu sequer saber os nomes dos meus colegas de classe, eles me elegeram presidente do corpo estudantil. Nossa, eu nem mesmo concorri àquele cargo idiota; eles me *deram* o trabalho — disse ela, rindo.

Quando lhe perguntei o que fazia as pessoas pensarem que ela era uma líder natural, minha mãe, brincando, me cutucou e disse: "Porque eu faço as coisas *acontecerem*." De muitas maneiras, ela era um exemplo clássico do espírito de ousadia e coragem que caracteriza a maioria dos Oito. Com força de vontade, ela canalizou sua raiva para conquistar as coisas.

Como acontece com todos os tipos, o Oito é uma combinação de natureza e criação — ou, em alguns casos, falta de criação.[3] O perigo na casa de minha mãe na infância moldou sua personalidade de tomar o controle, sua necessidade de controlar os outros e o ambiente, sua autodeterminação feroz e sua solução obstinada para superar qualquer adversidade. Minha mãe aceitou o desafio de tomar conta de si mesma. Deus a abençoe.

Nem todos os Oito têm infâncias difíceis, mas muitos sim. Como a maioria dos Oito, minha mãe criou sua história fragmentada em torno dos medos que sofreu quando criança. Independentemente de estarem em perigo real ou de simplesmente terem essa percepção, Oitos aprendem bem cedo que a inocência é perigosa e que eles não podem confiar em ninguém sem uma clara evidência de lealdade.

Muitos do tipo Oito enterram sentimentos dolorosos de seu passado e criam uma persona resistente, capaz de suportar tudo que a vida lança contra eles. Alguns superam os problemas em casa ao se tornarem líderes na escola, recebendo elogios por sua garra e coragem. Muitas crianças do tipo Oito são motivadas, mas não é bem da mesma forma que os outros tipos são motivados: não é para serem admirados por seu sucesso (como o Três) ou para satisfazer um perfeccionismo interior (como o Um). Na verdade, Oitos acreditam que eles precisam ser grandes e poderosos. Eles dizem a si mesmos que devem conquistar o mundo antes que ele se vire contra eles e se desintegre no caos que eles experimentaram com frequência na infância.

Crianças que crescem em zonas de guerra ou em centros dominados por gangues — onde você não pode se dar ao luxo de demonstrar fraqueza ou chorar — muitas vezes se tornam Oitos. Alguns pais até reforçam essa mensagem, empurrando Oitos, jovens e vulneráveis, para situações em que eles têm que se provar, aguentar ou lutar. Similarmente, alguns Oitos são formados por causa das histórias que contam a si mesmos sobre como eles pensam que devem ser para competir com os irmãos pela atenção da mãe e do pai. Infelizmente, alguns pais perpetuam esse tipo de rivalidade não saudável entre irmãos com favoritismos ou usando seus filhos para alcançar suas próprias necessidades emocionais não atendidas.

Fortes e resilientes, eles desenvolvem um destemor e uma confiança em suas próprias habilidades, certos de que devem ser capazes de depender deles mesmos o tempo todo. Eles gravitam em torno da liderança (ou são empurrados para ela) cedo na vida. Alguns têm conflitos com figuras de autoridade, especialmente se as perceberem como sendo incompetentes —, como minha mãe observou desde cedo, que o comportamento inconstante de seu pai o tornava não somente inconfiável, mas perigoso. Não significa necessariamente que crianças tipo Oito querem controlar os outros, apesar de algumas quererem; tem mais a ver com não querer que *as* controlem.

Possuir: A Força e a Sombra do Oito

Perigos reais e percepção de ameaça na infância resultam em energias de oposição que dominam a vida da maioria dos Oito. Raiva preventiva é uma resposta natural ao nosso mundo imperfeito e perigoso. No momento em que Oitos amadurecerem e se tornarem jovens adultos, eles terão se tornado tão arraigados em sua abordagem à vida, que começarão a usar, subconscientemente, de agressão — até mesmo combate — como uma forma de se defenderem contra um mundo hostil. Ironicamente, eles podem se tornar controversos, como uma forma de permanecerem

Reescrevendo a Sua História

conectados às pessoas com as quais se importam. O conflito pode se tornar sua forma de expressar intimidade.

Oitos conquistam sua raiva com honestidade. Após anos negando sua fraqueza da infância, não tendo suas necessidades atendidas e sentindo a agressão dos outros, não é de se espantar que eles cresçam e se tornem agressivos — combativos, teimosos e intimidadores.

Por outro lado, Oitos podem ser ferozmente protetores e ensinar aos outros como eles deveriam lutar mais. Podem questionar e criticar os outros por não lidarem com a situação da forma com que eles fariam: *Não pode deixar ele pisar em você desse jeito! Dê na cara dele!* Tipos Oito inábeis, que estão presos em suas velhas histórias, tendem a não se desculpar, ou pelo menos não facilmente. Até mesmo a ocasional proposta de paz de dizer *me desculpe* é muitas vezes formulada de forma negativa, culpando a outra pessoa por ser muito sensível e se sentir ofendida.

Oitos que não têm autoconsciência não buscam perdão — não aceitarão sua ofensa, não sentirão remorso genuíno por terem machucado alguém, nem tentarão reconstruir sua confiança. Em vez disso, pedem perdão pelo que os outros os culparam, não pelo que veem em si mesmos e são vulneráveis o suficiente para admitir. É quase como se dissessem: *Que pena que você não consegue lidar com alguém tão poderoso quanto eu.* Em outras palavras, a força deles depende da fraqueza dos outros — bem parecido com o que o Oito viveu quando criança.

Não é à toa que muitas pessoas pensam que Oitos são dominadores e conflituosos. Eles são como Teflon, repelindo tudo que ameaça perfurar suas armaduras e forçá-los a se sentir fracos e vulneráveis. Enquanto tais trocas podem fazer com que seus familiares e amigos evitem trazer à tona potenciais tópicos polêmicos, o Oito prefere ir direto ao ponto. Novamente, eles amam a abordagem de ser honesto-até-que-doa. Na verdade, muitas vezes eles ficam perplexos quando os outros se ofendem, e se animam quando alguém morde a isca para desafiá-los. Eles respeitam aqueles que se relacionam com as pessoas da mesma forma que eles. Qualquer outra resposta é considerada fraqueza.

A arma dos Oito, criada a partir de sua própria fraqueza para lutar enquanto cresciam rapidamente, torna-se uma barreira na vida adulta, um sistema impenetrável de defesa. Similar a um tipo Cinco não desenvolvido, esses Oitos não saudáveis criam histórias que exigem que saiam de relacionamentos, pois não se pode confiar nas pessoas. Eles ficam preocupados com provas que mostram que estão certos e reforçam seu poder sobre os outros. Em resumo, eles se tornam solitários assustadores.

Outras formas de se relacionar, requerendo vulnerabilidade e compromisso, inconscientemente, assustam os Oitos com a possibilidade de se tornarem, outra vez, vítimas de circunstâncias para além de seu controle. Tentar se relacionar com os outros sem controle pode causar grande ansiedade, pois exige a prática contínua e consciente de revisar a história na qual estão presos, aquela que se tornou tanto sua armadura quanto seu cobertor de proteção.

Despertar: Avaliando o Custo

A história de ser agressivamente dura, que minha mãe inventou quando criança, funcionou bem para ela, até que um dia não funcionou mais. Não me entenda errado — minha mãe nunca se sentou em círculo em uma sessão de terapia e trabalhou em seus "problemas de infância", nem sabia nada sobre o "ane-a-grama". As consequências a empurraram para a descoberta de uma nova forma de se comportar no mundo. Substituindo o velho mantra "faça com os outros antes que eles façam com você", veio o novo roteiro: "Faça pelos outros e será feito por você."

Aqui está o que aconteceu.

Na metade dos anos 1960, o alcoolismo e a saúde mental deteriorada de meu pai atingiram o fundo do poço. Desempregado, ele entrava e saía de hospitais por problemas de saúde relacionados ao álcool e à depressão suicida. Para colocar comida na mesa para seus quatro filhos, minha mãe trabalhava como secretária em uma pequena empresa de publicidade. Mal sabia o pobre rapaz que a contratou que um dia ela o substituiria. Minha mãe, ousada, rapidamente subiu de posição em uma indústria dominada por homens para se tornar vice-presidente e editora de sua empresa.

Ela fez isso aprendendo pela experiência que o medo da vulnerabilidade e sua filosofia de "nunca deixe que a vejam chorando" lhe ensinaram. Então, ela mudou seu *modus operandi*. Em vez de lutar por si mesma, ela começou a lutar pelos outros — se importando com eles.

Em seu novo cargo de gerência, ela fez algo que nenhuma outra empresa na sua indústria havia feito. Em vez de contratar vendedores, ela contratou e treinou um time de dez mulheres para fazer publicidade por telefone para potenciais anunciantes.

Não somente ela criou o primeiro time de vendas só de mulheres na história de sua indústria, como contratou aquelas que poderiam ter dificuldade de encontrar emprego no começo dos anos 1970. Ela contratou mães solo, cansadas e com dificuldade de manter a família, mulheres se recuperando de problemas com bebidas ou drogas, cuidadoras de pais idosos ou netos. Elas se sentavam em fileiras de mesas que se estendiam por uma longa sala, os telefones tocavam sem parar. Minha mãe saía de seu escritório para andar pela fila de mesas, inspecionando a tropa. Quando uma delas conseguia uma venda, ela tocava uma campainha em sua mesa, e as outras comemoravam e tocavam suas campainhas também.

Porém, o interesse de minha mãe nessas mulheres foi além do que elas produziram para ela. Se uma estivesse em uma batalha por custódia, ela aparecia no tribunal para ser uma testemunha abonatória. Se saíssem dos trilhos, ela as ajudava a se levantar. Quando precisavam de empréstimos para pagar pela escola dos filhos, ela lhes fornecia o dinheiro. Quando elas riam, ela ria. Quando elas choravam, ela chorava.

Aquelas mulheres amavam minha mãe, chamando-a carinhosamente de "Annie Rápida", e referiam a si mesmas como as "garotas da Annie Rápida". Ano após ano, elas arrasaram nos recordes de vendas, e sua divisão se tornou a mais lucrativa da empresa.

Minha mãe se aposentou há mais de três décadas. Até hoje, suas "garotas" ligam para a "Annie Rápida" para perguntar como ela está ou para pedir conselhos. A ampla influência do despertar de minha mãe — de uma dura agressão, para a volta de uma infância inocente por meio da intimidade conquistada — ilumina a transformação dos Oito de paixão para virtude, sombra para força.

Reescrever: Crie Sua Nova História

A história de minha mãe é única, mas também soará bem familiar aos Desafiadores e àqueles que os amam. No caminho da Paixão do Oito (luxúria) para a sua Virtude (inocência), você deve praticar os passos do VPDR: primeiro, vendo sua "história de origem" e como experiências passadas de fraqueza podem contribuir para sua necessidade padrão de parecer forte o tempo todo; segundo, possuindo o lado sombrio do Oito, de controlar os outros por meio da violência; e terceiro, despertando para qual será o custo a se pagar caso continue seu atual padrão de comportamento. Você aprendeu a ver as causas (o que está pensando e sentindo) e os efeitos (como se comporta e se relaciona) objetivamente, o suficiente para identificar o que está acontecendo.

Aqui é onde entra o Eneagrama. Em uma larga escala, ele identifica esses padrões e o ajuda a dar um passo atrás e observar o que está acontecendo. Conhecer o seu tipo oferece uma forma de conhecer sua história; e conhecer sua história significa que pode aprender a mudá-la. Contudo, por tantas vezes nós temos a tendência de estarmos tão inconscientemente enrolados em nossas histórias, que é difícil enxergar o todo. Estamos acostumados a ver o mundo, as outras pessoas e as nossas respostas a elas como algo normal e familiar. E, como mencionado em um capítulo anterior, algumas pessoas até usam o Eneagrama como uma ferramenta para reforçar suas velhas histórias. Elas podem até passar pelos dois primeiros passos — conhecem o seu tipo e reconhecem os padrões típicos de comportamento —, mas param por aí. Continuam adormecidas para a forma com que suas velhas histórias estão controlando sua vida e, ao fechar os olhos, privam-se de qualquer possibilidade de reescrita. Contudo, criar uma narrativa nova e melhor exige que vejamos o que tentamos ignorar.

Então, a primeira ordem do dia ao mudar sua história é simples: não faça o que você normalmente faz. Lembre-se da ideia Inaciana do *agere contra,* ou agir contra. É a disciplina espiritual de não fazer o que normalmente faz. *Agere contra* significa não realizar os movimentos de seu comportamento padrão.

Fazemos isso ao cultivarmos a consciencialização do que geralmente fazemos e que não percebemos fazer. Devemos desenvolver habilidades de auto-observação. Sabe como temos a tendência de entrar no piloto automático quando estamos dirigindo para o trabalho, ou para a escola, ou para algum lugar que visitamos com frequência? Então, um dia, a rota usual está bloqueada, e somos forçados a prestar atenção e fazer um desvio para chegarmos ao nosso destino. Percebemos as árvores ao lado da estrada, as lojas ao lado do semáforo, o som de uma sirene.

Sem mais estar no padrão, somos forçados a entrar no presente momento.

É sobre isso que se trata estar autoconsciente e apertar o botão de pausa.

Uma vez que tiramos um tempo da forma como costumamos viver nossa velha história, fazemos uma escolha diferente. Gosto de pensar nisso como a diferença entre reagir e responder. Reações me fazem pensar na Terceira Lei de Newton, na aula de ciências: *A toda ação corresponde uma reação igual e contrária.* Se você arrancar uma maçã de uma árvore, então o galho se retrairá quando a haste se partir. Se você socar alguém, seu punho ricocheteará para longe do ponto de contato. (Por favor, não tente fazer esse experimento).

Na infância, todos nós temos crenças falsas que ajudam e perpetuam as velhas histórias que arrastamos para a vida adulta. Para perceber a transformação interna e profunda, todos os tipos precisam ver, desafiar e se livrar dessas crenças tidas como certas que sustentam sua história arcaica. Algumas das crenças autolimitadoras do tipo Oito podem incluir:

- Ser vulnerável é muito perigoso.
- Eu sou invencível.

A História do Oito

- Eu posso fazer o que quiser.
- Quando as coisas ficam difíceis, o difícil assume o comando.
- A fraqueza não será tolerada.
- Ninguém pode me dizer o que fazer.

Perceba: a história que Oitos contam a si mesmos, de quem eles são e como o mundo funciona, está em oposição direta à história de um Deus bondoso e gracioso. É preciso que as pessoas adotem uma postura defensiva e agressiva para se defenderem contra a possibilidade de traição e dor? Deus iguala vulnerabilidade com fraqueza e espera que façamos o mesmo? Não.

Em meu romance *Em Busca de Francisco,* discuto sobre a descrição de Tomás de Aquino dos dois tipos de alma.[4] A *magna animi* é a alma grande, que se abre para o mundo. É de onde tiramos a palavra "magnânimo". A *pusilla animi* é a alma pequena, que se guarda do mundo. Ela vê os outros como possíveis ameaças, inimigos esperando para atacar. É de onde tiramos a palavra "pusilânime". Oitos precisam ver que adotar uma postura pusilânime não é força — é fraqueza mascarada de dureza.

O padre dominicano Simon Tugwell descreveu cristãos como aqueles que, idealmente, vivem uma "vida radicalmente desprotegida" em formato cruciforme. Eles se atrevem a esticar os braços e expor bravamente seus corações para o mundo, da forma como Jesus fez na cruz.[5] Eles se abrem para a dor e o sofrimento do mundo. Essa é a vida que fomos chamados para viver.

Se você é um tipo Oito, se contentará, particularmente, com o que eu lhe contarei: você tem o controle das escolhas que faz todo santo dia. Você é o narrador de sua própria história. Não importa o quão limitadoras sejam suas circunstâncias, sempre há opções. Quando sentir raiva, você não tem que se preparar e atacar. Quando estiver estressado, você não tem que descarregar, acusar, culpar ou desviar. Quando estiver machucado, você não tem que enterrar sua dor por trás de uma fachada estoica de controle emocional ou partir para a ofensiva. Assuma o controle de sua nova história; não deixe sua velha história te controlar.

Reescrevendo a Sua História

Isso foi atrativo para minha amiga, Dra. Sasha Shillcutt, uma tipo Oito que aprendeu sobre o Eneagrama quando estava fazendo um curso de liderança executiva em serviços de saúde em Harvard.[6]

— Ah, lá vamos nós — disse ela quando recebeu um teste de Eneagrama. — Toda vez que eu faço um teste ou avaliação de personalidade, ele me diz todas as coisas de que não gosto sobre mim mesma.

Testes como o MyersBriggs pareciam estáticos; aquele teste poderia dizer a ela a qual dos dezesseis tipos ela pertencia, mas não permitia movimento ou crescimento. O que a intrigou sobre o Eneagrama foi que ele tinha um caminho integrado para crescimento e mudança. Ele não apenas rotulava seu comportamento ou previa como ela se comportaria em um ambiente estressante, como uma sala de cirurgia; ele a ensinou que ela tinha escolhas.

— Foi a primeira vez que fiz uma avaliação interna de mim mesma e não me senti mal, não me senti como se eu fosse demais — explicou Sasha. — Porque, como Oito, eu sou muito. Não tenho um regulador de intensidade. E, em vez de me sentir mal e diminuir quem sou, eu posso escolher. Posso escolher se quero o caminho do estresse ou o do crescimento. Ou escolher se vou me inclinar para um lado ou para o outro.

O que animou Sasha sobre o Eneagrama, como uma Oito, foi que ele poderia lhe dar opções e libertar as garras de seus velhos mecanismos de defesa. Ela o viu como uma ferramenta de poder, uma que permitiu com que ela não fosse mais controlada por sua própria personalidade. Ela não teria que reagir a situações de uma forma estereotipada, mas poderia usar o Eneagrama como ferramenta para aprender outras abordagens.

Essa é a chave. Em vez de reagir, você pode *responder*.

Quando considero a diferença entre reagir e responder, penso sobre o Holocausto e Viktor Frankl. Eu li seu clássico, *Em Busca de Sentido*, pela primeira vez quando calouro na faculdade. Fiquei maravilhado por ele não somente ter sobrevivido ao campo de concentração nazista durante a Segunda Guerra Mundial, um lugar de horrores que ceifou a vida da maioria de seus familiares, mas que de alguma forma tenha

A História do Oito

encontrado sentido, esperança e força em meio a tanto trauma. Essa é uma revisão de história marcante. Após isso, ele passou o resto de sua vida como psiquiatra, escritor, palestrante e filantropo, mais conhecido por seu método de psicoterapia chamado de logoterapia.

Frankl acreditava que nossa habilidade de reconhecer e exercitar escolhas sobre como responder ao que nos acontece é a fundação da liberdade humana. Essa liberdade interior o permitiu aguentar a situação, à primeira vista, sem esperança de seu cativeiro torturante. Mesmo como prisioneiro em um campo de concentração, onde ele, aparentemente, não tinha esperança, "sempre havia escolhas", escreveu. Ele conhecia prisioneiros que caminhavam pelas tendas para confortar outros homens, ainda que eles mesmos estivessem sofrendo, e lhes davam seu último pedaço de pão. "Eles podem ter sido poucos em números, mas oferecem prova suficiente de que tudo pode ser tirado de um homem, exceto uma coisa: a última das liberdades humanas — a de escolher sua atitude em qualquer circunstância, a de escolher seu próprio caminho."[7] Frankl percebeu que ele poderia meramente reagir e desistir da esperança, ou poderia olhar para a situação de forma diferente e encontrar espaço para responder.

Independente do tipo, também podemos criar espaço para responder a qualquer coisa que acontece conosco. Enquanto não podemos controlar certas circunstâncias, especialmente aquelas que envolvem decisões alheias, nós podemos controlar como consideramos esses eventos e quaisquer atitudes que tomamos ou não. Uma vez que percebemos que há espaço disponível para ficarmos de pé, então podemos possuir nossa liberdade de escolher entre responder à vida ou reagir a ela.

Mudar nossa história está ligado ao processo de perceber que *há* um espaço — e, então, dar passos para aumentar a lacuna entre ação e reação para que possamos viver cons*ciente*mente, em vez de viver *incons-ciente*mente. Ao despertar de nosso transe roteirizado, percebemos que não temos mais que sonambular como personagens presos em uma história destrutiva. Acordamos e consideramos possibilidades diferentes.

Criamos uma intersecção e viramos em uma nova direção. Reivindicamos a autoria de nossa história, em vez de uma mera participação.

Uma vez que percebemos que temos escolhas, podemos reenquadrar nossa perspectiva. Se estiver crescendo em consciencialização de como você se comporta normalmente e quiser uma nova história, você pode escolher substituir o que, subconscientemente, aceitou por uma atualização do que é verdade agora, em vez do que era verdade em suas experiências de formação. Para Oitos evoluídos, o mundo ainda pode ser um lugar hostil, mas eles aprendem a reconhecer que ele também é um lugar de beleza, alegria e amor. Eles percebem que podem arriscar dar uma folguinha às vezes e confiar nos outros, experimentar, descansar e reconhecer sua vulnerabilidade. Oitos evoluídos entendem que vulnerabilidade não é fraqueza.

Quando cultivamos a consciencialização das tendências do nosso tipo, aprendemos a nos impedir de atuar no nosso velho papel, na nossa velha história, para criar espaço para responder, em vez de reagir e mudar nossa perspectiva para uma história melhor.

Ideias para a Nova História do Oito

Não é mais fácil para um tipo do que para o outro quando se trata de revisar velhas histórias em troca de uma nova. Todo ser humano deve fazer amizade consigo mesmo no processo de amadurecimento e transformação em quem ele foi criado para ser. Isso não se trata de simplesmente dizer a si mesmo slogans de autoajuda e máximas de "eu posso" durante tempos de dor, sofrimento e dificuldade. Fazer amizade consigo mesmo requer o tipo de aceitação e paciência que compartilharíamos com qualquer um que amamos e que está sofrendo. Lembre-se: os Oitos estão caminhando em direção à Virtude da inocência, de uma confiança ingênua na bondade. Deixe a inocência ser a estrela-guia da sorte enquanto você considera como reescrever sua história.

Para Oitos, como minha mãe e Sasha, isso geralmente se parece com um Dois bem desenvolvido e saudável. Se for familiarizado com as setas do Eneagrama — os marcadores de direção mostrando para

A História do Oito

longe e para perto do seu número no sistema de diagrama —, verá que o Oito incorpora as melhores características do Dois quando se sentem seguros. Eles ficam mais confortáveis com o conhecimento de suas próprias emoções e necessidades, mesmo quando oferecem transparência e reciprocidade aos outros. Tal cura emocional pode exigir um trabalho de luto para abordar a perda da infância e feridas persistentes de violações traumáticas. Conforme os Oitos começam a reescrever sua nova história, eles se reconectam com o próprio coração e percebem o que significa estar desperto no presente, em vez de estar sempre em guarda por causa do passado.

Os tipo Dois são bem cientes de como se parecem aos olhos dos outros e se esforçam para honrar os sentimentos do próximo. Pense sobre como seria para um Oito poderoso colocar essa sensibilidade em prática. Cientes de suas tendências de voltar ao padrão da raiva, os Oitos em novas histórias aprendem a se analisar antes de se comunicar em momentos de tensão, estresse e conflito. Como Dois saudáveis, eles se tornam mais conectados com os sentimentos do próximo. Eles não perdem mais as estribeiras, e encontram maneiras de construir pontes, em vez de queimá-las. Estão construindo intimidade por meio da ternura, em lugar de animosidade. Estão aceitando que novos desafios virão e irão, sem despertar velhos mecanismos de defesa. Se você for um Oito que deseja reescrever sua história, pratique demonstrar respeito, gentileza e paciência quando falar com as pessoas, em vez de ser confrontador por definição. Crie estratégias mais gentis *antes* de adentrar situações em que tende a dominar.

Agere contra é uma ferramenta útil para os Oitos. Quando se comunicar, mostre apreço e gratidão para com os outros regularmente, especialmente aquelas pessoas que o apoiam, encorajam e acreditam em você. Aprenda a apreciar o fato de elas fazerem coisas por você e que isso não as torna fracas. Na verdade, elas podem te ensinar algo — e no estado de inocência de sua Virtude, você estará mais aberto a aprender com os outros.

Reescrevendo a Sua História

Os Oitos que estão reescrevendo suas histórias devem perceber que a maioria das pessoas simplesmente não gosta de brincadeirinhas, pequenas discussões e brigas tanto quanto eles — especialmente aquelas pessoas próximas. Talvez você ache a batalha algo terapêutico, um ritual de purificação do ar. Outros acham estressante e insuportável. Então, enquanto busca reescrever sua história, não parta para a geração de conflito como seu modo padrão de existir no mundo. Pegue pistas emocionais das pessoas ao seu redor.

Juntamente com essas palavras, não ataque quem te critica, mesmo que as expressões usadas sejam inapropriadas ou machuquem. Considere a base a partir da qual eles dizem isso e se ela contém alguma verdade. Tome posse de sua responsabilidade por insistir em fazer as coisas do seu jeito e admita seus erros. Oitos saudáveis não somente oferecem críticas, mas também as aceitam. Para ajudá-lo a fazer isso, crie um círculo interno de pessoas com quem você pode ser direto e honesto, que retribuem essas qualidades com você. Solicite delas um feedback regular, talvez semanal, sobre como você está se saindo e *confie na opinião delas*. Essa é a chave. Ouça esses conselheiros confiáveis e responda de acordo.

Lembre-se de que os líderes mais poderosos são, na verdade, aqueles que escolhem dar poder aos outros, não acumular toda a autoridade e tomada de decisões para si mesmos. Portanto, faça um experimento de regularmente deferir aos outros, em vez de, automaticamente, assumir a liderança. Tente dizer "Ótimo, vamos fazer do seu jeito!" pelo menos uma vez no dia e seja sincero. Duvide de sua própria certeza de que está sempre com a razão e leve a sério a ideia de que alguém mais pode estar certo. Deixe de ser aquele que toma a maioria das decisões. Parecerá assustador entregar o controle assim, então comece apoiando a liderança de alguém em que você particularmente confia e que respeita. Procure formas de ser um mentor e encorajar aqueles que o veem como exemplo. Gradualmente, enquanto vê que alguns desses experimentos obtêm êxito, você sentirá a liberdade que vem de *não* ter que comandar o espetáculo.

A História do Oito

Finalmente, verifique a si mesmo regularmente. Reconheça quando estiver agindo duramente para compensar o sentimento de fraqueza e vulnerabilidade. Diga a si mesmo em uma voz passional: "Eu caí outra vez na minha velha história. Eu quero continuar lá? Isso vai terminar bem?" Lembre-se de que está tudo bem em não se sentir forte o tempo todo. Quando ficar com raiva, reconheça-a no momento, preferivelmente de forma apropriada, construtiva e razoável, em vez de guardá-la e abrigar rancores que crescem com o tempo. Não trame cenários de vingança elaborados para se vingar de pessoas que o machucaram, o que é uma característica de um Oito não saudável.[8] Uma parte importante de reescrever sua história é a habilidade de seguir em frente.

Os Oito, em suas novas histórias, se tornam líderes incríveis, pois se importam mais em servir àqueles que os seguem do que exercer poder sobre eles. Pense em Harriet Tubman liderando o Underground Railroad. Winston Churchill durante a Blitz. Ou Martin Luther King Jr. galvanizando a América no movimento dos direitos civis.

Os Oitos querem estar no comando. Porém, se estiverem disposto a deixar suas velhas histórias, poderão esperar uma subida mais suave. Poderão desfrutar a vida em uma nova história que se baseia na gama completa de emoções humanas e qualidades do seu verdadeiro eu.

A História do Nove
Um Despertar para o Pacifista

"Você não encontra paz ao reorganizar as circunstâncias da sua vida, mas ao perceber quem você realmente é nos níveis mais profundos."
— Eckhart Tolle

Eu conheci Mike McHargue há alguns anos, no Festival Wild Goose, onde o vi dar uma palestra incrível sobre a interseção da ciência com a fé. Mal sabia eu que nos tornaríamos amigos e que ele um dia abriria meus olhos para o fascinante terreno interno do Eneagrama dos Nove.

Mike desenvolveu sua história como Nove muito cedo. Havia uma figura de autoridade em sua família que o aterrorizava, e essa experiência o ensinou a lição que a maioria dos Nove internaliza na infância: o conflito é assustador, a raiva deve ser evitada e, para permanecer conectado às outras pessoas, é vital ficar sintonizado aos seus humores e ir de acordo com o ritmo.[1]

Ele desenvolveu uma antena sensitiva "para sintonizar tempestades emocionais no horizonte e preveni-las", como ele mesmo diz. Sua própria raiva o assustava, o que é um problema comum para Noves. E se ele explodisse e se tornasse como a figura de autoridade? Assim, ele a enfiava no que chama de seu "porão Nove", onde ela nunca poderia explodir. Seu trabalho era manter a paz.

Mike também é conhecido como "Mike Ciência", do podcast *The Liturgists*. Ele é um autor best-seller, consultor científico para cinema e televisão e um palestrante cobiçado. Entretanto, quando criança, havia uma estratégia de defesa de sucesso escondida nas sombras. A invisibilidade o ajudou a gerenciar seu mundo.

Mike, por vezes, sofreu bullying de outras crianças, com o que ele lidou ao apontar aquela antena, precisamente sintonizada, nos seus agressores para aprender o que os fazia explodir. Ele desvendou quais de seus próprios comportamentos acionavam os gatilhos deles e poderiam fazê-lo deixar de ser um alvo, então ele poderia desaparecer de seus radares. O que mais funcionou para Mike foi se misturar com o papel de parede. Socialmente, ele não estava mirando a aceitação — essa era uma barreira muito alta. Para ele, um grande sucesso seria "simplesmente ser ignorado".

A crença de Mike, de que dependia dele manter a harmonia, é um elemento comum na história que muitos Noves criam sobre o que eles devem fazer para sobreviver. Eles aprendem rapidamente que o mundo é um lugar inquietante e cheio de conflito. Consequentemente, Noves dizem a si mesmos que precisam dizer e fazer o que puderem para *escapar* desse drama e se *conformar* com qualquer comportamento que pareça prevenir explosões. A maioria deles se dá bem com os outros, até seus irmãos, amigos ou demais membros da família causarem conflito. Então, os Nove hibernam sua raiva e perdem contato com ela, na tentativa de manter a paz.

Para muitos Nove, esse padrão de evitar o conflito e adormecer ao longo de suas próprias vidas emocionais continua na vida adulta. Para

A História do Nove

Mike, o momento de despertar aconteceu com seus 30 anos, indo para a terapia depois de uma transição em sua fé.

— Eu não acreditava no que costumava acreditar e me encontrei meio que ejetado da minha comunidade religiosa, o que foi incrivelmente traumático — disse ele.

A terapeuta lhe pediu que descrevesse outro momento em que ele fora rejeitado, então ele se pegou relembrando "em termos clínicos e detalhes insuportáveis" os vários atos de bullying que sofrera na infância.

Enquanto recontava a história, ele não sentiu nenhum envolvimento emocional com o que acontecera, o que o fazia se sentir bem consigo mesmo, imaginando que tivesse processado aquela dor por completo.

Contudo, ela perguntou.

— Bem, como isso fez você se sentir?

Era uma pergunta bem simples, mas que atingiu Mike de uma forma inesperada.

— Eu me senti como se tivesse passado por um corredor da minha casa com uma porta que eu nunca havia notado. E eu coloquei minha mão na porta e simplesmente... Parecia estar quente como se o sol estivesse atrás dela, como se a casa estivesse em chamas atrás da porta.

Ele contou à terapeuta que a pergunta o fez se sentir desconfortável.

— Se eu te disser como me sinto, vou gritar ou chorar — avisou ele.

— Por que isso seria algo ruim?

— Bem, essas são emoções inúteis. São bem desagradáveis de experimentar e não nos levam a nada.

— Você acha que é saudável simplesmente prender essas emoções numa garrafa? — ela insistiu. — E se você simplesmente me disser como se sentiu? Se chorar, está tudo bem.

Então Mike começou a descrever seus sentimentos, mas não conseguiu terminar uma palavra antes de chorar por um instante e depois parar imediatamente. Os olhos já secos.

— O que aconteceu? — a terapeuta quis saber.

Mike percebeu que seu corpo estava fazendo exatamente aquilo que ele o ensinou a fazer quando sofria bullying havia tantos anos: *não chore, pois isso apenas encoraja os agressores a continuarem lhe batendo.*

O problema é que aquela velha história que funcionou para ele na infância, o protegendo dos agressores, estava impedindo-o, na vida adulta, de experimentar sua raiva e tristeza. Ele chegou aos 30 anos incapaz de chorar, mesmo na morte de um membro da família, então havia décadas de dormência para se desfazer.

— Passei anos no escritório da terapeuta, me livrando de mais de trinta anos de luto — contou-me Mike. — Uma vez que consegui fazer isso, foi esse rio salgado saindo da minha alma que fez com que me sentisse limpo.

Mike estava despertando para seu luto e sua raiva.

Ver: A História de Origem do Nove

A situação emocional de Mike é típica dos Nove. Por um lado, eles são como um morador do Kansas, se escondendo no abrigo contra tempestades durante um tornado. Eles aprendem a ler os padrões do clima emocional dos outros e a se esconder quando uma crise não pode ser evitada. Por outro lado, estão entorpecidos para seus próprios padrões climáticos. Muitas vezes, abafam os próprios sentimentos e desejos por tanto tempo que nem mesmo sabem o que eles são.

Ao crescer, os Nove formulam uma história que é mais ou menos assim: *O mundo ameaça minha harmonia interior. As pessoas importantes da minha vida reagem umas às outras e às circunstâncias de formas que me assustam e me perturbam. Para sobreviver, é melhor eu não agitar o barco. Tenho que evitar conflitos e manter a paz. É melhor me tornar invisível a expressar minhas necessidades, sentimentos e preferências.*

Sua narrativa é cheia de acomodação e paz interior: eu estarei bem, contanto que todos estejam bem.

A História do Nove

O que mantém a história fragmentada dos Nove viva são suas crenças errôneas e inconscientes. Se eles quiserem desfazer suas velhas histórias e abrir espaço para uma nova, terão que trazer essas crenças defeituosas para uma percepção consciente e interrogá-las. Algumas das crenças inconscientemente tidas como garantidas que mantêm os Nove presos a suas velhas histórias incluem:

- O que eu quero não importa muito.
- A atenção dos outros é boa, contanto que não esteja focada em mim por muito tempo.
- Tudo está bem se não há conflito.
- Eu posso ter minhas necessidades supridas pelos outros ao esquecer de mim mesmo, minhas ideias e meus planos.
- É melhor não ser muito afetado pela vida.
- Eu sou uma pessoa *legal* que não fica com raiva.
- Ficarei bem, contanto que todos estejam bem.
- Preciso fazer as pessoas felizes, mesmo que isso signifique sacrificar minhas próprias prioridades.

Noves são comumente as crianças que todos os pais querem ter. Eles têm sido chamados de "queridinhos do Eneagrama" e podem, muitas vezes, apresentar as melhores qualidades dos outros oito tipos, mesclando-se com as prioridades e opiniões das pessoas para evitar conflito. Noves parecem saber instintivamente como ler as pessoas para se adaptarem de acordo.

Essas crianças não criam caso, mas frequentemente sentem que os outros não prestam atenção nelas ou reconhecem suas perspectivas, suas opiniões ou seus desejos. Parece-lhes que os outros têm opiniões mais fervorosas sobre o que eles querem, então os Nove decidem não estragar os planos ao se imporem.

O terapeuta de família, Chris Gonzalez, começou seu caminho como Nove, bem conscientemente, quando criança, apesar de não saber nada sobre o Eneagrama na época ou ter um nome para o que estava fazendo.[2]

Reescrevendo a Sua História

— Eu tenho um irmão mais velho que tem atração pelo conflito. Vi como isso terminou para ele e decidi que aquela não era a forma como eu queria acabar — disse ele. Seu irmão era uma boa pessoa, mas deixou para trás um rastro de destruição, que causou uma forte impressão. — Eu decidi que "vou fazer o caminho oposto. Vou ser invisível. Vejo onde o conflito pode levar uma pessoa e não quero isso".

Na verdade, Chris começou a escrever um livro de memórias, apropriadamente intitulado *Lições de Invisibilidade*. Ele ainda não terminou — está "em um arquivo com centenas de outras histórias que eu vou terminar um dia, obviamente um dia".

Chris está meio que brincando e reconhecendo aqui que Noves têm dificuldades em terminar as coisas. Eles não têm o impulso por controle do tipo Oito, o medo de fazer as coisas imperfeitamente do tipo Um, ou a necessidade de sucesso do tipo Três. A Paixão dos Nove é a preguiça, que tendemos a associar com preguiça física, mas essa é apenas uma pequena parte dela. É verdade que alguns Noves parecem ter menos estamina que os outros e podem até mesmo desligar em algumas situações.

Quando Mike McHargue estava em uma viagem ao exterior com os amigos, por exemplo, virou a piada do grupo o fato de ele conseguir dormir em qualquer lugar. Eles se sentavam em um café barulhento por apenas uns quinze minutos antes de ele inclinar a cabeça para trás, contra a parede, e pegar no sono, fazendo-se tão invisível a ponto de o grupo ir embora sem ele, não percebendo até mais tarde que ele ainda estava dormindo na cadeira do restaurante.

No caso do Mike, é uma história engraçada, mas, para muitos Nove, a necessidade de se entorpecer, ou desligar periodicamente, e a tendência à procrastinação estão relacionadas com sua inabilidade de descobrir o que eles querem. O padrão que aprenderam, de tampar seus próprios desejos, quando crianças comumente significa que, enquanto adultos, será difícil para eles fechar acordos, desenvolver seus próprios talentos de forma significativa ou seguir cada passo na direção de seus objetivos. Chris e Mike são exceções, visto que eles superaram esse padrão e foram atrás de seus sonhos, se tornando bem-sucedidos em suas arenas esco-

A História do Nove

lhidas. Para cada Chris e Mike, porém, há vários Nove cochilando, que não sabem quais são seus sonhos ou não têm nenhuma ideia de como persegui-los.

Noves podem demorar uma eternidade para tomar uma decisão e, às vezes, perdem prazos, procrastinam ou "narcotizam" quando estão estressados. Isso não necessariamente significa que estão usando drogas, mas que têm várias estratégias para se desligar do mundo. Pode ser que eles exagerem no sorvete, joguem videogames ou passem todo um fim de semana no sofá assistindo reprises de *Seinfeld*.

Tanto minha esposa, Anne, quanto minha filha, Maddie, são Nove saudáveis, e, ainda assim, eu consigo dizer quando elas estão passando por um momento difícil. Estamos fazendo algo de que gostamos, como cozinhar ou ouvir um podcast, ou jogando cornhole (sim, fazemos muito isso), e, ainda assim, elas estão mental e emocionalmente desligadas. Quando apertam a embreagem e desengatam sua transmissão mental, eu sei que isso pode significar que estão bravas, frustradas ou se preparando para tomar uma decisão difícil. Quando isso acontece, eu gentilmente pergunto se tem algo acontecendo por baixo da superfície (às vezes essa pergunta é bem recebida, às vezes não muito).

O comportamento dormente de alguns Nove pode até envolver atividades saudáveis, como desaparecer por horas para caminhar na floresta (muitos Noves amam a natureza), ler romances ou se exercitar. Qualquer que seja a atividade, se o objetivo dela for abafar desejos ou raiva não reconhecidos, correr do conflito, ela pode se tornar uma parte do mecanismo de defesa dos Nove — narcotizar.

No fundo, os Nove têm medo de que, caso afirmem sua própria agenda, ela competirá com os desejos, ambições ou sonhos de outra pessoa com quem eles não querem perder a conexão. Presos ao roteiro que memorizaram, esses Nove não têm iniciativa, porque a mudança — ainda que positiva — é assustadora e requer que eles queimem calorias. Eles preferem os males que já conhecem.

Se não despertarem, fizerem uma escolha e viverem uma nova história, Noves podem terminar com uma vida indigna de seus dons e de seu espírito.

Possuir: A Força e a Sombra do Nove

Eu percebi que os Nove, comumente, têm muita dificuldade de se estabelecer em seu tipo de Eneagrama. Eles dizem, "Bem eu consigo me ver aqui", quando apresentados à criatividade do Quatro, à prestatividade de um Dois ou à lealdade de um Seis. Em um Nove não evoluído, isso acontece por conta de sua habilidade de se identificar com todos os pontos de vista. Eles não fizeram o trabalho de se individualizar, preferindo se esconder por trás de personalidades mais fortes ou das opiniões mais fervorosas do grupo. É simplesmente mais fácil assim.

Audrey Assad, uma cantora fantástica, diz que, quando era mais jovem, costumava se fundir com outras pessoas, e isso não era uma dinâmica saudável.[3]

— Nós confundimos enredamento com empatia — disse ela. Se não estivesse totalmente ancorada em si mesma, ela se tornaria "uma craca afundando com o submarino", envolvida demais na vida e nos dramas dos outros. Sua sensibilidade emocional para a dor do próximo pode ser uma força, mas sua tendência de Nove de se mesclar com os outros também era um problema; como ela diz, poderia até se tornar "vampírica".

Contudo, Noves saudáveis, aqueles que se livraram da história de que seus desejos e suas preferências não importam, manifestam belas forças quando começam a florescer. Noves que estão em uma nova história são incríveis. Eles deixam a vida se desenrolar naturalmente, oferecendo aos outros a liberdade e o espaço para crescerem no seu próprio tempo e ritmo. Eles são rápidos para amar, lentos para julgar e raramente pedem para serem reconhecidos pelo esforço que colocam em cuidar das pessoas — o que posso te dizer que é algo considerável.

Um desses Noves desenvolvidos é meu amigo William Paul Young, autor do best-seller *A Cabana,* que diz que não sentiu raiva até que fez 38 anos e sua vida desmoronou.[4] Aquela implosão foi, na verdade, uma coisa boa, pois havia muito com o que ele deveria ter se irritado nesse tempo, tal como um sério trauma de infância pelo qual ele nunca se permitiu ficar de luto.

Agora que está em um lugar saudável, Paul tem uma qualidade quase mística que eu amo: sua tolerância de Nove se estende para todos ao redor dele. Assim como eu disse que Noves não saudáveis podem ser difíceis de tipificar, porque se mesclam de uma forma abnegadora com os outros, os Nove *saudáveis* podem ser difíceis de tipificar também, mas por um motivo diferente: eles integraram lindamente as forças dos outros números. Paul é assim. Hoje ele sente raiva às vezes — até fúria — e permite que isso sirva de combustível para sua criatividade.

— Eu não quero que essa fúria cause estragos na verdade dos seres humanos — diz ele. — Eu quero que ela exponha a corrupção e a perpetuação de injustiças que cometemos uns contra os outros e contra nós mesmos. Eu sinto mais fúria na minha vida agora do que jamais senti antes, mas não sou consumido por ela. Ela é, para mim, prova da saúde que aconteceu em meu próprio coração. — Ele pode chorar e sentir e até mesmo decidir onde jantar, o que, por vezes, um Nove não evoluído tem dificuldade em fazer. Paul tomou posse da força do Nove.

Despertar: Avaliando o Custo

Paul foi feliz: no fim dos seus 30 anos, ele despertou, apesar de ter sido doloroso na época. Outros Noves continuam cochilando, cambaleando dia após dia através do campo minado, compromissados em evitar qualquer passo explosivo que possa destruir seu senso interior de paz. No pior caso, eles continuam concordando com as decisões dos outros às custas de seu próprio senso de identidade. Presos em suas velhas histórias, eles dizem, "Não importa para mim tanto quanto importa para você — o que você quiser está bom", enquanto, por dentro, talvez subconscientemente, seu verdadeiro eu fica com mais raiva e mais teimoso. Noves ignorados e não desenvolvidos podem parecer agradáveis e fáceis de lidar à primeira vista, mas rapidamente se tornam passivos agressivos

Reescrevendo a Sua História

conforme o ressentimento cresce sobre a forma com que eles acomodam os outros para manter a paz.

Às vezes é necessário algo dramático para fazer com que os Nove acordem para sua raiva. Meu amigo Seth Abram, um apresentador de podcast de Eneagrama, que é tipo Nove, uma vez teve um ataque incomum de raiva ao presenciar um membro de sua família ser terrivelmente destratado.[5] A emoção foi tão forte que ele teve que sair de casa, então dirigiu para um estacionamento próximo, onde pôde gritar e socar o volante.

— Eu não tive muitos momentos assim — disse ele. — A forma com que a raiva se parece no meu corpo é como se eu pudesse levantar um carro e jogá-lo contra a parede como se ele não pesasse nada. Foi exatamente assim que me senti naquele momento, como se tivesse o poder de dez homens. É completamente oposto a como a personalidade do Nove comumente se parece.

Seth ligou para seu melhor amigo para ajudá-lo a processar a intensidade. Ele sabia, com base em dez anos de amizade próxima, que esse cara era uma pessoa segura, que poderia aguentar ver esse lado de Seth, mas era um risco.

— Aquela era uma versão de mim que ele jamais vira. Nunca houve sinal disso. Mas lá estava eu, gritando por quinze minutos sem parar com toda a força.

Mais tarde, depois de se acalmar, Seth ligou de volta para seu amigo, perguntando se ele passou dos limites.

— Como foi isso para você? — Seth perguntou, se desculpando. — Espero que não tenha sido ofensivo, mas eu precisava extravasar.

— Você não tem que se desculpar, cara — respondeu seu amigo. — Eu nunca te vi mais vivo.

Que informação para um Nove! Seth recebeu dois presentes incríveis dessa experiência. Primeiro, ele aprendeu que, apesar de sua raiva ser assustadora, ela também lhe dava poder.

A História do Nove

— É o verdadeiro significado de personificação: estou experimentando cada célula do meu corpo, cada pingo, cada aspecto da minha fisicalidade, tudo de uma vez. Sinto-me bem maior do que realmente sou.

E, segundo, sua raiva era, na verdade, bela para alguém que ele amava. Esse amigo pôde não somente absorver as ondas das emoções de Seth, mas vê-las como sagradas.

Reescrever: Crie Sua Nova História

Como vimos, a Paixão dos Noves é a preguiça. Se for familiarizado com o comportamento das preguiças na vida selvagem, sabe que elas se movem devagar e dormem muito. Na verdade, uma variedade de preguiça é tão lenta e se move tão raramente, que algas crescem em seu pelo. Isso é, de fato, uma vantagem, visto que as preguiças evitam conflito e se escondem melhor dos predadores quando se misturam com as folhas verdes das árvores onde fazem suas casas. As preguiças comem principalmente folhas e plantas ao seu alcance, mas se um inseto prestativo estiver por perto, elas podem comê-lo também, contanto que capturá-lo não exija muito esforço. Elas não são muito exigentes com a comida, com seus parceiros ou com seu ambiente. Elas não são exigentes sobre basicamente nada. Algumas passam a vida inteira descansando na mesma árvore em que nasceram.[6]

Podemos ver o motivo de as preguiças serem o mascote perfeito para os Nove sonâmbulos, de quem as velhas histórias envolvem se esconder de conflitos, permanecendo no mesmo lugar, evitar mudanças e agir como se estivessem bem com o que quer que esteja acontecendo a eles. A inércia de um Nove inábil é uma maravilha de se contemplar. Eles são como a personificação da Primeira Lei de Newton, que diz que um corpo em repouso tende a permanecer em repouso "a menos que seja obrigado a mudar seu estado pela ação de uma força externa".[7]

O desafio para o Nove é se mover da Paixão da preguiça para a Virtude da ação correta. Nela está a esperança de um despertar real, uma chance de reescrever sua história. O problema, como a inércia da Lei de Newton deixa claro, é que Noves não são inclinados a co-

Reescrevendo a Sua História

meçar a se mover por conta própria, a menos que uma força externa aja sobre eles.

Eu gostaria de apontar que todos os nove tipos de Eneagrama vão contra a corrente à medida que implementam o *agere contra* e passam de sua Paixão para sua Virtude. Porém, iniciar esse processo pode ser mais difícil para os Nove, pois o ato de mover-se vai contra suas tendências naturais. Reescrever suas histórias não é meramente agir de forma diferente da que estão acostumados, como vimos com o Oito; em lugar disso, é a escolha de não agir em si. Para os Nove, o *agere contra* começa com a mera decisão de fazer algo.

Entretanto, os resultados valem o esforço. Quando Noves começam a despertar, eles estão se individualizando e entrando em foco. Quando o fazem, ficam, muitas vezes, maravilhados com o quanto os outros gostam de descobrir quem eles realmente são quando não concordam automaticamente com eles ou estão desligados — como Seth experimentou ao perder totalmente a paciência. Esses Nove percebem que a velha história não é a verdadeira, pois suas opiniões e preferências *importam* para aqueles ao seu redor. Seus amigos, familiares e colegas de trabalho não os rejeitarão ou mudarão para o modo de combate quando eles exporem suas decisões ou expressarem raiva. E até mesmo quando outros discordarem ou um conflito se iniciar, Noves evoluídos percebem que está tudo bem. Eles veem o quanto exageraram mentalmente uma potencial consequência de enfrentar de frente o problema com alguém. Enquanto isso pode nunca lhes parecer confortável, eles aceitam o conflito como uma parte inevitável da vida para todos.

Um homem que eu conheço me contou duas maneiras com as quais aprendeu a mudar sua velha história como Nove. A primeira é simplesmente cultivar um senso mais forte de seu verdadeiro eu, fazendo coisas que exigiam investimento em si mesmo. Noves podem ser preguiçosos com o autodesenvolvimento. Para ele, investir em si mesmo inclui fazer aulas de violão, caminhar na montanha pelo menos uma vez ao mês com dois amigos do trabalho e liderar a discussão do próximo livro em seu grupo de recuperação dos doze passos. Buscar essas atividades significa

A História do Nove

menos tempo assistindo TV, se perdendo em tarefas sem sentido e vegetando em casa.

Ele também passa de cinco a dez minutos toda manhã rezando, meditando ou simplesmente estando consciente de despertar, literal e figurativamente. Essa segunda prática o ajuda a reconhecer a poderosa diferença que sua presença faz na vida dos outros.

— Minha esposa me deu essa caneca de café que diz EU ESTOU APARECENDO. Isso me lembra de prestar atenção. É uma chamada literal de atenção para pensar em como posso evitar o piloto automático e contribuir para um mundo melhor para as pessoas ao meu redor.

Quando o pressionei sobre o que isso parecia, ele disse que era muitas vezes se forçar a perceber quando sua mente começa a vagar, retreinando a si mesmo para permanecer presente no momento, em vez de se afastar.

Outros Nove me disseram que eles também se beneficiam muito de ter um "totem", uma lembrança para voltar a focar a atenção no presente momento. Para alguns, é tão simples quanto uma nota de post-it no espelho do banheiro. Outros usam um bracelete ou cordão, carregam uma pedra de algum lugar sagrado em seus bolsos ou penduram uma foto especial ou uma peça de arte onde podem ver ao longo do dia. Não há nada mágico em nenhum desses itens — eles apenas são lembretes para cortar a inércia e a desordem que os Nove uma vez permitiram que se acumulassem. Esses Nove utilizam-se de objetos para se libertarem de padrões ao longo do dia. Quando sentirem que estão escorregando para longe do presente momento, eles deixam o totem quebrar o feitiço e restaurar a consciência plena do que e de quem está de frente para eles.

Ideias para a Nova História do Nove

Noves com novas histórias são pessoas incríveis com muito para dar. Sua habilidade de ver a perspectiva dos outros, de mediar a paz entre facções opostas e estender bondade e compaixão lhes confere um status único. Eles podem se identificar com cada um dos outros tipos, mesmo enquanto lutam para liberar a beleza de seu verdadeiro eu. Assim como todos os tipos, mudar sua história exige auto-observação, intencionalidade e ação.

Aqui está uma ideia de Audrey Assad para contra-atacar sua tendência de se mesclar com os outros. Quando ela sente que está fazendo isso, respira e avalia a situação. Ela se questiona: "Onde meus limites estão se dissolvendo?" Ela, então, visualiza uma fronteira física em torno de si mesma, um limite que a ajuda a preservar sua identidade individual. Ela ainda pode ajudar as pessoas, alcançando-as além da fronteira para simpatizar com um amigo, contudo, ela mantém seu senso de identidade.

Enquanto os Nove se engajam nos passos do VPDR, uma atividade importante para eles é fazer uma lista de suas estratégias de dormência padrão: ficar na internet, jogar (sim, palavras cruzadas e Sudoku também contam), ouvir podcasts, comer donuts, maratonar uma série na HBO, ou o que quer que seja. Se você é um Nove, preste atenção quando se afastar do presente e entrar nesses escapes. Escolha um para trabalhar em eliminar. Você não conquistará tudo de uma vez, mas se sentirá mais poderoso só por começar.

Outra estratégia é rever seus hábitos e suas rotinas regulares e fazer ao menos uma mudança que lhe lembrará de mudar a história que você vem contando a si mesmo. Em lugar de "Eu sou preguiçoso — eu tento lavar roupa toda semana, mas nunca consigo", você deveria tentar "Quarta-feira é o dia de lavar roupa, então eu não tenho que pensar nisso pelo resto da semana". Pode ajudar envolver um ente querido no processo, particularmente alguém que dependa de você para dar prosseguimento às coisas. Então, tome atitudes corretas.

Apareça para os outros todos os dias ao fazer o que você se comprometeu a fazer para eles da forma mais eficiente possível: chegando a tempo para o trabalho, matriculando seus filhos na escolinha de futebol que eles pediram antes do prazo limite, marcando a consulta médica, enviando o e-mail, comparecendo à reunião da comissão e participando ativamente. Surpreenda-os e a si mesmo ao fazer o que precisa ser feito antes que alguém reclame. Fica mais fácil com o tempo. Você se lembra da Lei de Newton sobre a inércia e como um corpo em repouso tende a

A História do Nove

permanecer em repouso? Bem, essa lei também tem uma segunda parte: um corpo em movimento quer permanecer em movimento. Assim que começar a dar passos regulares para reescrever sua velha história, você estará em movimento, e *movimento se* tornará o modo padrão que precisa de uma energia preciosa para mudar.

Não se esqueça de si mesmo nesse processo enquanto aprende a aparecer para os outros e interrompe o circuito de seu hábito padrão de se desligar da vida. Você não está fazendo isso apenas para manter os outros felizes ou para impedir que eles reclamem e o incomodem sobre fazer o mínimo para sobreviver. Você está fazendo isso por si mesmo. Uma coisa que notei sobre os Nove que estão espiritualmente adormecidos é que eles frequentemente descontam seus próprios desejos e antecipam que os outros também descontarão. Não faça isso. Tente praticar a empatia incondicional consigo mesmo. Isso é, na verdade, como todos os tipos experimentam a mudança, o que vamos continuar a explorar, mas, para os Noves é especialmente importante.

Nunca me esquecerei de como Anne Bogel descreveu sua primeira dose de empatia para consigo.[8] Anne é uma blogueira, apresentadora de podcast, autora e influencer para leitores, escritores e amantes de livros. Uma clássica Nove, ela compartilhou como sua terapeuta uma vez a desafiou a responder para si mesma da mesma forma com que ela trataria uma adolescente emergindo dos mesmos eventos da vida que deram forma a história de Anne.

— Você conhece alguma adolescente de 16 anos? — perguntou a terapeuta. — Imagine isso acontecendo com ela.

—Ah, coitadinha — disse Anne, de repente chocada pela possibilidade de aceitar confortar a si mesma da mesma forma que ela faria com uma filha, sobrinha, ou amiga. — Isso mudou totalmente a forma com que eu entendo a situação. — Anne descreveu como ela não hesitava em consolar, aconselhar e abraçar pessoas que precisavam, mas sempre teve dificuldades de demostrar tal bondade para consigo. Alguns Nove acham que ajuda imaginar fazer isso antes de reconhecer que eles merecem a mesma compaixão.

Reescrevendo a Sua História

Quando se livram de suas histórias, os Noves frequentemente se tornam líderes incrivelmente autoconscientes. Eles personificam um tipo de completude e espiritualidade fundamentada que combina os superpoderes dos outros oito tipos. Eles se tornam prismas, não coletores de histórias alheias, aptos a ouvir, aceitar e oferecer percepções de maneiras transcendentais.

Esses Nove não mais pensam demasiado em cada decisão ou se perdem em direções tangenciais. Eles podem usar sua habilidade incrível de ver todos os lados de cada circunstância e se livrar do compromisso de suas velhas histórias de encontrar a *melhor opção*, que consome uma grande quantidade de energia mental e pode levá-los à exaustão e deixá-los presos. Quando Noves aprendem a parar de ruminar, eles podem começar a passar tempo em coisas que trazem mais paz, amor e alegria para a vida — e compartilhar esses presentes com os outros ao seu redor.

A História do Um
Aceitação Radical para o Melhorador

"Não tema a perfeição — você jamais a alcançará."
— Salvador Dali

Penso que provavelmente Amy Julia Becker nasceu responsável. Filha mais velha de quatro irmãos, ela ajudava os pais em casa, retirando a louça da lava-louças sem que pedissem. Ela anotava mensagens de telefone para os pais, tirava excelentes notas na escola e nunca se metia em confusão. (É difícil para mim entender esse tipo de comportamento obediente em uma criança. Na idade escolar, eu demonstrava sintomas de um transtorno desafiador de oposição).

"A.J." (como é conhecida pelos amigos) também queria tornar o mundo um lugar melhor. No quinto ano, ela frequentava uma escola onde o carrossel era visto como perigoso. Já responsável e proativa, ela não deixaria isso ficar assim. "Vamos consertar isso", disse A.J. a si mesma. Ela começou uma campanha de arrecadação para consertar o carrossel

Reescrevendo a Sua História

quebrado e o colocou em funcionamento para que ela e seus colegas de classe pudessem ter um parquinho mais seguro.

Ela viu um problema e pensou em uma boa solução. No quinto ano.

A.J. é do tipo Um no Eneagrama, e como muitos jovens Um, ela era notavelmente madura quando criança. Essas crianças são geralmente aquelas que querem, é claro, fazer a coisa certa, não simplesmente para se dar bem com os outros, como Noves podem fazer, ou para receber apreço, como os Dois, mas *porque* é a coisa certa. Mesmo que ninguém esteja observando, crianças tipo Um tendem a seguir as regras e dar bons exemplos. Elas têm altos padrões para o mundo e, acima de tudo, para si mesmas.

Contudo, para boa parte dos Um, esses padrões se tornam um fardo doloroso. No caso de A.J., seu perfeccionismo contribuiu para um distúrbio alimentar no ensino médio e na faculdade. Apesar de ela não dar muita importância para maquiagem e cabelo, era obsessiva sobre não engordar nenhum grama. Ela registrava em um diário os alimentos que comia ("Maçã. Salada. Iogurte congelado. Maçã. Coca Diet.") e assinava e datava uma promessa a si mesma de que jamais comeria mais do que 1.000 calorias num dia. "Uma aliança com os deuses da magreza, a moeda da beleza", como ela escreveu em seu livro de memórias, *A Good and Perfect Gift* [sem edição em português].[1]

Isso se voltou contra ela. Quando tentou comer normalmente outra vez, seu corpo rejeitou a comida, e ela vomitava. Não conseguia admitir que tinha um transtorno alimentar. Não era bulimia, pois ela não fazia nada ativamente para provocar o vômito.

— Era algo como "Não é minha culpa. Eu como de tudo"[2] — Amy descreveu sua atitude na época. Ela foi diagnosticada com *gastroparesia,* que é uma paralisia do estômago, que não move a comida tão rápido quanto deveria, no caso dela, provavelmente um resultado da restrição alimentar severa à qual se submeteu.

— Havia uma sensação de que tinha muito segredo e vergonha — disse Amy. Ela contou aos outros que os médicos disseram que ela estava doente e que não havia cura. Isso era verdade, mas o transtorno

A História do Um

alimentar escondido, que "não era sobre aparência tanto quanto era sobre controle", era difícil de ser mencionado. Ela passou a vida, a partir daquele ponto, abafando ansiedade e raiva, em um esforço para permanecer no controle.

— Lembro-me de dizer a um terapeuta: "Ah, não, eu nunca fico brava." Agora, em retrospecto, eu penso: "Din-don! Din-don! Temos um problema aqui."

O crescimento para A.J. chegou ao reconhecer quando ela experimenta emoções negativas e ao honrar a conexão entre seu corpo, suas emoções e sua mente. Também aconteceu por meio da maternidade, especialmente com sua primeira filha, Penny, que nasceu com uma deficiência.

— Descobrimos que ela tinha síndrome de Down, duas horas após seu nascimento — contou A.J. — A palavra, a linguagem usada sobre a síndrome de Down é imperfeição, defeito e anormalidade. Quero dizer, a linguagem em si diz isso. Eu estava lutando contra meu perfeccionismo e minhas próprias expectativas sobre ela.

Ela não percebeu enquanto estava grávida de Penny, mas tinha adentrado a maternidade com algumas expectativas, não expressadas em palavras, porém, presentes. Ela escreveu depois:

> Era como se ter filhos se tornasse uma equação: juventude, mais devoção a Deus, mais educação é igual um bebê saudável e normal. Como se assistir a uma aula de parto e ler livros sobre bebês e se abster do álcool e orar, tudo isso garantisse certas coisas sobre a nossa família. Como se eu tivesse o direito de ter o bebê exatamente como imaginei, uma pequena versão de mim mesma... Porém, lá estava eu, em uma camisola de hospital num sábado de manhã, e minha filha tinha síndrome de Down.[3]

Como cristã, A.J. aprendeu o versículo da Bíblia "Sede vós, pois, perfeitos, como é perfeito vosso pai, que está nos céus", que — como eu posso dizer? — é um baita desafio se você for um Eneagrama tipo Um e já tende ao perfeccionismo. Esse versículo incomodava A.J., então ela

Reescrevendo a Sua História

o estudou. Como estudante de seminário, ela tinha acesso a dicionários gregos e aprendeu que a palavra que traduzimos como "perfeito" é, na verdade, sobre plenitude. Jesus usou "perfeito" no sentido de "o propósito para o qual fomos criados, em vez de nos conformarmos com um ideal", afirmou A.J.

Penny foi um presente, puro e simples, perfeita para o propósito para o qual foi criada.

E tão importante quanto, era A.J.

— Ao ganhar Penny, eu não somente a aceitei como alguém que era tão linda quanto frágil, vulnerável, necessitada e dotada — disse ela. Ela também se aceitou assim. Penny e os dois irmãos que vieram depois são a "grande lição sobre perfeccionismo" que A.J. vem aprendendo. Hoje, não é como se a ansiedade tivesse ido embora, mas está temperada pela serenidade que vem ao ter sido quebrada, aberta e encontrado a graça.

Ver: A História de Origem do Um

A história que os Um contam a si mesmos ao crescer me lembra histórias em quadrinhos.

Quando eu era criança, os fãs de super-heróis se dividiam em dois grupos: ou você lia os quadrinhos da DC, focados no time do Super-Homem e da Mulher-Maravilha, em *The World's Finest*, ou você era um fã incondicional da Marvel e amava o Homem-Aranha, o Hulk, a Viúva-Negra e outros vários personagens desajustados.

Como um tipo Quatro, eu me identificava com o perdedor torturado emocionalmente, Peter Parker (também conhecido como Homem-Aranha). Nenhuma surpresa.

O Super-Homem, por outro lado, me *entediava*. O cara tinha superpoderes para *tudo*: supervelocidade, supervisão, superforça, superinteligência. Os escritores tiveram que trabalhar duro ao depender da única fraqueza dele — Kryptonita — para inventar desafios merecedores de seus superpoderes. Esse problema é combinado com o fato de ele nem ser humano.

64

A História do Um

Ele é um alienígena, um estranho que é superior a nós, meros mortais. O que é o motivo pelo qual, como um Quatro, eu gostava do Batman, todo envolvido em seu mau humor, obscuro, pensativo, com sentimentos egocêntricos. Mas estou perdendo o foco.

Tenho certeza de que receberei todo tipo de críticas de fãs dos quadrinhos da Marvel e da DC, mas estou compartilhando minhas recordações para provar algo: *os tipo Um trabalham tão duro para serem perfeitos e, então, se perguntam por que ninguém mais consegue se relacionar.* O que é irônico, claro, porque eles primeiro começaram a formar suas histórias de Um para se encaixarem, agradar, exceder expectativas, defender regras e princípios — tudo para terem suas necessidades de controle, estima e segurança atendidas.

Muitos Um compartilharam comigo que, quando eram crianças, viam um vazio em casa ou na escola e se sentiam obrigados a preenchê-lo. Como um super-herói, eles tinham que salvar seus familiares, resgatar seus amigos e defender o código de conduta que acreditavam ser o certo. Esses Um eram não somente bons meninos e meninas; eles eram muito mais visíveis, pois tinham que policiar os outros, até mesmo os pais, que os desapontavam e frustravam quando falhavam em atender os altos padrões internos dos Um.

Alguns Um foram criados por pais empenhados em defender padrões impossíveis de ser o melhor em toda as maneiras imagináveis. Esses pais geralmente ocupam posições de alto nível como pilares da sociedade: empresários proeminentes, oficiais eleitos, portadores do legado da família e líderes civis ou religiosos. Eles controlam a família com pulso firme, ou ao menos é assim que seus filhos Um os percebem. Em resposta, o jovem Um aprende a contribuir para as missões da família, seja para melhorar a imagem dos pais ou uma carreira ambiciosa.

Ou, no outro extremo, outros tipo Um experimentam uma estrutura familiar inexistente, muito solta e sem regras consistentes. Nesses casos, eles tiveram que se tornar os responsáveis pela reforma, redenção e restauração da ordem na casa. Geralmente, quando uma figura de autoridade parental estava ausente, o outro responsável batalhava o bastante contra seus próprios demônios ou suas dificuldades, deixando a casa em um estado de fluxo, desordem e caos, ao menos que alguém assumisse o controle de estabelecer uma ordem *à lá* Mary Poppins.

Não é todo Um que se encaixa nesses extremos. Se você ler as memórias de Michele Obama, por exemplo, verá que ela é uma Um criada por pais amorosos em um lar estável. Também fica claro que ela foi uma garotinha afro-americana que cresceu em uma sociedade racista e que, se quisesse ter oportunidades, teria que ser muito melhor que todos os outros — uma estudante do quadro de honras em uma escola de elite do ensino médio, membro do conselho estudantil, uma filha carinhosa. Meu ponto é que existem muitos fatores na história de origem de um tipo Um, ou na história de qualquer um. Pais e a vida em casa têm papéis importantes em determinar qual história adotaremos para nós mesmos, mas traços de personalidade inatos e fatores como raça, classe e gênero também têm.

Quando crianças, muitos Um disseram a si mesmos que eles não seriam amados, a não ser que obedecessem ou excedessem as regras e regulamentos. Assim sendo, aprenderam a obedecer requisitos explícitos e implícitos da família. Essas crianças eram líderes naturais, bem comportados, maduros para sua idade e de princípios inerentes. Caso suas famílias lhes parecessem muito relaxadas, os Um, então, criariam uma história, na qual recai sobre eles a responsabilidade de liderar e melhorar a casa e a reputação familiar. Esses Um fazem o trabalho, pois alguém tem que fazer — e na percepção deles, ninguém mais faria.

Independentemente de onde eles se encontram no espectro da história do Um, jovens desse tipo querem saber os padrões e princípios da moralidade, decência e integridade — e se segurar neles. Essas crianças eram, geralmente, líderes dos escoteiros e estrelas do esporte, oradores da turma e violinistas da primeira fila, ganhadores de bolsa estudantil e graduados universitários de primeira geração. Eles eram amados pelos professores, pois agiam como assistentes pessoais na sala de aula. Eram sempre respeitados pelos outros estudantes, pois enfrentavam os valentões, ganhavam prêmios para o time e ofereciam soluções.

Agora, ao crescer, todos os tipos certamente podem ocupar essas posições. Porém, durante sua formação, os Um serviram nessas competências como a consequência natural de quem eles pensavam que deveriam ser para evitar falhas, culpa, críticas e punição. Pois os Um contam a si mesmos uma história de que é dever deles tornar o mundo um lugar melhor e acabam trabalhando mais duro, fazendo mais e se dedicando nas horas extras que forem necessárias para conseguir isso. E se não são líderes de renome, estão sedentos por outros objetivos que consideram mais importantes: ser o melhor cristão no grupo jovem da igreja, planejar uma carreira militar, trabalhar para garantir mantimentos para sua família em crise ou se voluntariar para uma candidatura política, uma organização não governamental, ou outra coisa digna.

Assim como o Super-Homem, lutando por verdade e justiça, os Um são compelidos a corrigir injustiças sempre que as encontram. Até que descobrem que não podem corrigir todas elas e que algumas das coisas que presumiram ser erradas são, na verdade, boas do jeito que são. Então, os poderes reformadores dos Um se tornam um fardo insuportável.

Possuir: A Força e a Sombra do Um

Os Um prosperam, pois estão sempre trabalhando para melhorar a si mesmos e serem bons. Quando os outros se sentem ressentidos com eles por serem muito perfeitos, os Um apontam para seus princípios, para as leis, para a Bíblia, para a Constituição, para regulamentos militares, para o *The Chicago Manual of Style*, para o DSM-5 ou para os requerimentos básicos de decência humana. Esses Um são Bons Samaritanos, pois não poderiam viver com a consciência os lembrando de que eles passaram reto por alguém que precisava de ajuda, o que os tornaria pessoas ruins. Tipos Dois, por sua vez, parariam para ajudar por se sentirem obrigados a atender às necessidades daquela pessoa. Sabemos que crenças inconscientes na infância nos deixam amarrados em nossas velhas histórias. Teremos dificuldade em viver uma nova história se não percebemos e, conscientemente, empurramos para longe essas crenças errôneas. Eu ouvi as seguintes mensagens de tipos Um:

Reescrevendo a Sua História

- O que eu *deveria* fazer é mais importante do que o que eu *quero* fazer.
- Se não mantiver minha raiva sob controle, me tornarei desequilibrado.
- Finalmente serei feliz quando for perfeito.
- Devo ser bom para as pessoas gostarem de mim.
- Preciso fazer a coisa certa o tempo todo.
- Preciso manter o controle.
- Se eu relaxar, será tudo um inferno.
- O risco de ser criticado ou julgado não vale a vergonha e autojulgamento que isso pode causar.
- As pessoas não me aceitam como um ser humano com falhas.
- Os outros não farão um trabalho tão bom quanto eu.

Essas crenças fragmentadas e inconscientes causam estragos na vida dos Um e não têm nenhuma relação com a mensagem em que Deus quer que creiamos. Deus exige perfeição antes que possamos ser amados? *Não*. A graça é incapaz de cobrir nossos erros? *Não*. Deveríamos manter um controle rígido sobre nossa vida, ou deveríamos render nossas vontades para um poder maior? *A segunda opção*. Enquanto essas crenças não forem desafiadas, os tipo Um terão dificuldade em viver a História Maior de Deus.

O problema é que o Um, em sua velha história, não faz a conexão de que seu perfeccionismo é a fonte de sua infelicidade. Na verdade, a maioria dos Um com velhas histórias acreditam que seu compromisso com a perfeição é um ativo, em vez de uma desvantagem, e que seu crítico interior o está salvaguardando de cometer erros. A história que o Um conta repetidamente a si mesmo inclui a melhora de si como ponto de partida para melhorar o mundo. Apesar de isso poder tomar muitas formas diferentes, a maioria dos Um é sedenta por seguir um novo sistema, práticas inovadoras ou ideias novas que os ajudem a fazer mais para serem melhores. Eles amam livros e podcasts feitos por outros tipo Um e apreciam outros líderes que compartilham dos mesmos valores e

A História do Um

do comprometimento com a excelência. Cedo ou tarde, seja no início da vida adulta ou tarde na vida, os Um atingem um ponto em que o perfeccionismo se torna impossível e, portanto, prejudica toda a história que eles vinham contando a si mesmos todo esse tempo.

A compulsão por melhorar a si mesmo e aos outros se torna um problema quando os Um começam a acreditar que o suficiente nunca é suficiente. Não importa o quão bom sejam, eles ainda sentem que não são bons o suficiente. Pertence a eles a história de legalistas religiosos comprometidos com a meritocracia, em receber sua benevolência todos os dias, enquanto, secretamente, sabem que isso não durará. Porém, isso os permite pensar que são melhores que os outros, que nem mesmo aparentam tentar e, quem dirá, atingir o alvo.

Dependendo de suas influências religiosas ou espirituais quando crianças, os Um podem ter um forte senso dessa mentalidade legalista, apoiando-se em sua obediência e tendência às regras como forma de se tornarem aceitáveis ao seu Deus perfeito e sagrado. Eles comumente veem a Bíblia como um manual de regras e dosador de mandamentos, em lugar de uma coleção bela e inspiradora de escrituras sagradas com relatos, poesias e história. Eles dependem da igreja, dos ensinos bíblicos e de pastores e líderes para ajudá-los a ver o que devem fazer para serem bons e são inspirados por histórias heroicas de pessoas religiosas que fizeram grandes sacrifícios por causa de sua fé.

Quando pessoas do tipo Um alcançam a vida adulta, muitas ouvem uma voz na cabeça quase constante lhes dizendo para serem melhores. Penso sobre um exemplo compartilhado por um dos meus Um favoritos, o Dr. Lee Camp, um professor de teologia e ética na Universidade Lipscomb, em Nashville, e apresentador do incrível *Tokens Show*, um "programa de variedades teológico" exibido pelo canal NPR e online. Quando perguntei como era para ele ser do tipo Um, Lee descreveu como ele foi parar no tipo correto.[4] Ele compareceu a um seminário de Eneagrama e ouviu o palestrante dizer que a forma infalível de dizer se é do tipo Um é se existir uma voz crítica na sua cabeça. "*O quê?* Não são todos que têm uma voz dentro da cabeça?", pensou Lee. Ele já vivencia-

Reescrevendo a Sua História

va a voz desse narrador crítico em sua mente havia tanto tempo quanto podia se lembrar. Estava genuinamente chocado por descobrir que nem todos tinham o mesmo tipo de crítico, sempre pronto para atacar e oferecer um comentário duro. Como alguém que cresceu em uma igreja de mentalidade focada na perfeição, Lee nos forneceu um exemplo impressionante de como seu crítico interior moldou sua adolescência:

> Para mim, não era apenas uma apreensão vaga da punição. Era explicitamente afirmado que, se não fizesse essa coisa certa, você iria para o inferno. Então, lembro-me que aos 16 anos, dirigindo pela Rodovia 34, no estado do Alabama, voltando de Palo Alto para a minha casa em Talladega, olhei para o medidor de velocidade e vi que estava a 90 quilômetros por hora em uma área com limite de 80. Não estou brincando, o pensamento que passou por minha cabeça foi, "Lee, você deveria desacelerar, pois, se bater o carro e morrer a 90 quilômetros por hora, você vai para o inferno". Não vale a pena uma eternidade no inferno por uma diferença de 10 quilômetros por hora. Soa ultrajante, mas foi o meu [balanço] honesto... Aquela era, certamente, uma forma de bagunçar sua mente, sua psiquê, sabe?

Se deixado sem controle, esse tipo de escrupulosidade que Lee descreveu, sendo ligada a dogmas religiosos, moralidade elevada ou patriotismo fervoroso, se torna tóxico o bastante para envenenar áreas na vida de um tipo Um. Há um jeito certo e um jeito errado, mesmo quando há dilema — tal como dever acelerar e não passar o horário do toque de recolher, ou acelerar e arriscar a condenação —, tipos Um geralmente priorizam ou classificam suas autoridades.

Despertar: Avaliando o Custo

O custo da história que o Um conta a si mesmo se soma rapidamente: ressentimento fervilhando bem abaixo da superfície, esperando para transbordar, autocondenação e desprezo por suas imperfeições e exaustão por sempre se esforçar para melhorar e fazer mais. Eles são, geral-

A História do Um

mente, feridos e estão sempre vigilantes sobre o que precisam fazer para melhorar tudo e todos ao seu redor. Eles não suportam que outros os liderem sem que compartilhem dos mesmos valores ou sem que demonstrem comprometimento e integridade, mas, por outro lado, ressentem o fato de sempre terem que compensar os coitados preguiçosos que não fazem sua parte. Estão cansados, e sua velha história começa a parecer desesperançosa. O que frequentemente os obriga a redobrar esforços de se melhorar — uma coisa boa, se isso os acordar de sua narrativa estagnada, mas não tão boa se aumentar a ilusão de que eles podem trabalhar por mais tempo e mais arduamente para serem ainda melhores.

Tipos Um que buscam acordar para os custos de suas velhas histórias devem ser cuidadosos com a fina linha que existe entre o tipo de melhoramento de si que leva a transformação e o tipo que leva às meras cascas polidas das bolotas, como nos ensinou a parábola de Cynthia Bourgeault, no segundo capítulo. A boa notícia para os Um é que eles, mais do que qualquer outro tipo no Eneagrama, são totalmente vivos para a necessidade de serem melhores amanhã mais do que são hoje. É para isso que vivem! A má notícia é que eles geralmente *não* estão prontos para esse tipo de trabalho interno, de vai-piorar-antes-de-melhorar, que essa mudança durável exige deles.

Estou ciente da forma com que os Um estão procurando por maneiras de serem melhores sempre que falo do Eneagrama, lidero um retiro ou chamo um convidado no programa. Disseram-me que mais tipos Um e Nove ouvem o meu podcast, *Typology,* do que qualquer outro tipo do Eneagrama. Isso faz sentido para mim. Por fazerem parte da mesma tríade instintiva, tipos Um têm uma relação complexa com a raiva. Enquanto os Oito externalizam a raiva e os Nove não têm contato com ela, os Um trabalham duro para abafá-la.

Os Um sentem raiva prontamente — com as injustiças do mundo, com as pessoas que ocupam dois lugares na vaga de estacionamento, com os apóstrofes em lugares errados em e-mails alheios —, mas são empenhados a acreditar que é errado expressar tal raiva. Em outras palavras, a raiva do Um está sempre lá, como aquela velha espingarda sobre a lareira — e não deveria ser usada. Lembre-se do que A.J. disse à sua terapeuta, quando adolescente, sobre nunca ficar com raiva. Ela realmente acreditava nisso sobre si mesma na época, e esse tipo de negação da raiva é típico da velha história do Um. Pois, se puxarem o gatilho, então seus instintos básicos podem assumir o controle e incendiar tudo. E isso seria ruim e os tornaria ruins, e eles são tão empenhados em serem bons que é melhor só deixar a raiva trancada a uma distância.

Porém, às vezes ser bom não mais é uma opção.

Minha esposa e eu temos uma longa amizade com a Eneagrama tipo Um, Julianne Cusick. Ela e seu marido, Michael, são conselheiros talentosos, palestrantes e escritores. São também fundadores do Restoring the Soul em Denver, no Colorado. A história do casamento deles e de como eles romperam as respectivas narrativas de seus tipos é incrível por si só e crucial, eu suspeito, por suas habilidades em ajudar os outros a mudarem suas velhas histórias também. As dificuldades de Michael com o vício em sexo e a infidelidade, sobre os quais ele falou em seu livro *Surfing for God* [sem edição em português], causaram graves consequências no relacionamento deles.

Para Julianne, foram anos de luta por meio do desespero, da raiva e do sofrimento até experimentar um casamento recuperado. Escolher o caminho do perdão e da restauração, em vez de guardar rancor, foi um longo processo. Com Michael deixando seu comportamento sexual compulsivo para trás e se arrependendo, ele conseguiu reconquistar Julianne, e o casamento deles foi restaurado. Contudo, muitos anos depois, ela percebeu que ainda tinha dificuldades com a raiva — e isso estava ligado ao fato de ela ser tipo Um.

— Uma vez que o casamento foi restaurado, eu comecei a ver como minha raiva contínua e "estar certa" (sobre quase tudo) estava prejudicando meu marido e nosso casamento — disse ela.[5] — Eu queria mesmo usar minha raiva justificada, por ter sido traída, como arma? Para tipos Um, nós temos que aceitar que a vida não é como deveria ser. Nós operamos em um mundo cheio de desapontamentos e perdas insuportáveis. Para sermos verdadeiramente livres, devemos encontrar nosso

A História do Um

caminho entre nosso quebrantamento para seguir para um futuro mais esperançoso.

Reescrever: Crie Sua Nova História

Criar uma nova história requer que os Um repensem sua visão de mundo. Eles devem mudar de paradigmas de "absolutos" para "ambos/e", de serem justos para estarem em um relacionamento. O objetivo para os Um é mudar da Paixão da raiva para a Virtude da serenidade, onde eles podem abrir mão da necessidade de perfeição e experimentar a plenitude e a paz. Quando os Um amadurecem para além de seu velho roteiro, se tornam marcantes — inteligentes, sábios poderosos que concretizam seus princípios em meio à sua humanidade. Como Salomão, que enfrentou decidido o destino de um bebê que duas mulheres afirmavam ser seu filho, tipos Um despertos se recusam a seguir a lei por si só e, em vez disso, olham para o contexto geral. Salomão ordenou que o bebê fosse cortado ao meio, em uma interpretação literal da lei, sabendo que a verdadeira mãe da criança preferiria desistir de seu direito a vê-lo morto.

Parte da serenidade é ver o bom da vida. O Um, rompendo-se das práticas de sua velha história, *agere contra* ao fazer do descanso e relaxamento uma prioridade, agendando férias, dias livres e tempo ocioso para recarregar. Eles riem e se soltam, começam a fila na dança da conga e não se importam com o que os demais estão pensando. Como meu amigo Richard Rohr — do tipo Um — diz, uma das "tarefas da vida" dos Um é "aprender a, ocasionalmente, ignorar o dever, a ordem e a melhora do mundo e, no lugar disso, brincar, celebrar e curtir a vida".[6] No sistema de setas do Eneagrama, os Um "vão para o Sete" em segurança, o que significa que, em tempos de saúde, eles podem alegremente incorporar a liberdade e a *joie de vivre* que define os Sete. Tipos Um em uma nova história aceitam a si mesmos do modo como são, sabendo que a imperfeição é essencial. Eles se perdoam quando falham e seguem em frente sem se flagelar.

Richard também aprendeu a sabedoria de, conscientemente, se inclinar para sua asa Nove. Como harmonizadores, "os Nove não precisam

Reescrevendo a Sua História

estar certos como os Um", diz ele.[7] "É minha salvação." Às vezes, ele se afasta da agitação de sua vida como padre e líder espiritual para ir a um longo retiro, incluindo o retiro de quarenta dias de eremita que ele fez na Abadia de Getsêmani, vivendo na pequena tenda que Thomas Merton uma vez ocupou. Durante o retiro, ele diz, "Eu poderia parar de salvar o mundo, fazer registros, pregar por todo o mundo. Eu podia desligar todo aquele motor Dois de que eu tenho que ajudar, ajudar e ajudar a todos, salvar a todos". Quando tipos Um se inclinam na direção da asa Nove, eles podem desfrutar do presente do Nove, que é a paz.

O Um em seu novo ritmo é admirado por sua integridade, confiabilidade e imparcialidade. Eles são conhecidos por ajudar e melhorar tudo que precisa de sua ajuda, mas também estão confortáveis em deixar as coisas fluírem, permitindo que os outros descubram suas próprias maneiras e seus métodos. Isso é serenidade. Esses Um maduros não se importam com a tensão da ambiguidade e incerteza. Eles confiam que a preservação da verdade, o que quer que isso seja, não é trabalho para eles sozinhos. Eles podem aguentar a confusão, a desordem e o caos sem sair correndo por aí, corrigindo os outros e modelando a forma certa de se fazer as coisas. Tipos Um evoluídos percebem que eles têm mais a oferecer do que simplesmente consertos rápidos e soluções lógicas. Em vez disso, eles levam a sério a sabedoria de Anne Lamott: "Os faróis não saem correndo ao redor da ilha, procurando por barcos para salvar, eles simplesmente ficam lá, parados, brilhando."[8]

Para romperem com a mentalidade legalista, os Um saudáveis praticam a disciplina espiritual de quietude e descanso do Sabá. Para muitos, é desafiador sair da mentalidade de estar sempre em movimento e dos comportamentos da velha história, porém, isso vai além de valer a pena por alcançar mais equilíbrio. Pois, à medida que aliviam suas garras da perfeição, eles descobrem oportunidades de segurar as mãos de alguém, de receber o que Brené Brown chamou de "presentes da imperfeição".[9] Em seu livro, Brown oferece numerosas sugestões para perfeccionistas que procuram uma nova história. Algumas são o que você pode esperar, mas outras são refrescantes, como abandonar a

A História do Um

ideia da exaustão como um símbolo de status. (Está ouvindo, seu Um que trabalha demais?). Ela também fala sobre a liberdade que perfeccionistas geralmente sentem quando juntam coragem para admitir suas imperfeições e erros para os outros. Em vez de encontrarem a temida condenação — geralmente a condenação que vinham empilhando sobre si o tempo todo —, eles encontram compaixão do próximo, que também já passou por isso. Expressar suas vulnerabilidades e erros em voz alta é uma prática espiritual crítica para os Um que caminham da raiva para a serenidade. Eles descobrem que o mundo não acaba somente por que eles falharam em segurá-lo.

E nessa percepção recai o caminho da liberdade.

Ideias para a História do Um

A serenidade não acontece da noite para o dia, mas é um produto de muitas escolhas pequenas que os Um podem fazer para abraçar a ideia de *agere contra*. O conselho de "faça diferente do que costuma fazer" acerta no alvo para os Um, mas eles devem começar com modéstia e não pensar que podem mudar da noite para o dia.

Aqui está uma pequena mudança: escolha uma gaveta, prateleira ou canto de sua mesa para manter confuso e desorganizado, como uma lembrança de que você não tem que controlar o ambiente para ser feliz. Se estiver se sentindo bem ambicioso, compre um husky e deixe-o soltar pelos em seus móveis. Respire. Bagunce com sua agenda também. Ligue no trabalho dizendo que está doente (nossa, pressionando limites!), para relaxar e ir a algum lugar que não iria normalmente: uma matinê, um parque aquático não higiênico, uma exibição de fotos sensuais de Robert Mapplethorpe. Estou brincando.

Para controlar os constantes comentários autocríticos correndo por sua mente, dê um nome a sua crítica persona interna, uma descrição física — especialmente uma exagerada, engraçada, ou uma caricatura. Minha editora, que é tipo Um, nomeou sua voz interior julgadora de Tia Gertrudes e a vê como aquela senhora da igreja que a comediante Dana Carvey costumava interpretar no *Saturday Night Live*. Quando

Reescrevendo a Sua História

ela se pega em uma espiral de negação e autojulgamento, imediatamente agradece a Tia Gertrudes por se intrometer e a convida para dar o fora. Então, comece a dizer à Irmã Mary Severity, ao Senhor Nigel, à Tia Millicent, ao Sargento Sam, ou como quer que você decida nomear seu crítico, para se calar quando reconhecer sua voz ecoando em sua mente. Deixe-os saber que eles podem ter voz e andar em seu ônibus, mas, como Elizabeth Gilbert diz, eles não têm permissão de dirigir ou de tocar no mapa.[10]

Parece brega, mas olhe no espelho e diga: "Eu vou arriscar cometer um baita erro hoje, e não tente me parar." Então, determine que você estenderá essa mesma graça às outras pessoas. Em vez de criticar alguém que cometeu erros, aplauda-os por tentar. Pratique compaixão autêntica ao descobrir como encorajá-los. Perceba como é se sentir ao não julgar os outros por não alcançarem seu padrão de excelência. Confie em mim, é um doce alívio não ter que policiar o mundo.

Como tipo Quatro, eu pego emprestado os hábitos dos Um de autodisciplina, trabalho duro e defender o que acredito. Sou inspirado por tipos Um, como meu amigo Richard Rohr e líderes humanitários, como o ex-presidente Jimmy Carter. Os Um que rompem com suas histórias cheias de buracos irradiam um tipo de carisma, integridade e bondade que atrai as pessoas sem nenhum esforço. Eles brilham com um tipo de idealismo que tem substância sem uma aparência frágil de perfeccionismo. Esses belos Um aceitam o próximo com seus defeitos e tudo o mais, sem julgamento, do modo como aceitam a si mesmos.

Quando os Um realmente aprendem que não precisam ser perfeitos, eles podem se tornar participantes serenos da História Maior que sempre termina bem.

A História do Dois
Autocuidado para o Prestativo

"À medida que você envelhecer, descobrirá que tem duas mãos. Uma para ajudar a si e a outra para ajudar aos outros."
— Audrey Hepburn

Al Andrews estava esperando havia semanas para ver sua cena favorita de um de seus filmes favoritos. Isso foi décadas atrás, quando ele tinha seus 20 anos. No passado, antes de nossos filmes e programas favoritos estarem disponíveis a qualquer momento, você se sentava colado à TV, ou perderia tudo. E ele, definitivamente, não queria perder. Era aquela cena de *O Milagre de Anne Sullivan* em que a garota Helen Keller, cega, surda e não verbal, *finalmente* começa a entender que, quando a professora derrama água várias vezes sobre sua mão enquanto soletra Á-G-U-A em sua mão em letras de linguagem de sinal, as duas coisas se conectam.

— É a cena mais linda de todos os filmes — disse-me Al, com a voz maravilhada.[1] Visto que Al é um tipo Dois no Eneagrama, não me surpreendeu de forma alguma que o filme que ele tanto amava, que ele organizava toda sua rotina para poder ver, fosse sobre uma mulher que larga tudo na vida para salvar uma garota de quem todos haviam desistido. Faz sentido. Dois são assim.

Al estava empolgado para ver aquela cena emocionante outra vez. Até que o telefone tocou.

— Claro, eu atendi, pois é muito responsável e prestativo atender o telefone — disse ele. Como não existia identificador de chamadas naqueles velhos tempos sombrios, antes de a Netflix ter filmes on demand, ele não pôde ver antes quem era, para julgar se era ou não importante o suficiente para atender no momento ou retornar mais tarde. Então, ele atendeu, pois esse é o tipo de coisa que os prestativos fazem.

Era uma ligação totalmente banal — não uma emergência, só um amigo querendo saber as novidades —, portanto, não teria problema nenhum dizer: "Ei, posso te retornar em uma hora? Estou ocupado agora." Mas não foi o que Al fez.

Em vez disso, ele permaneceu na linha, educado e prestativo por fora, porém, calmamente fervilhando.

— Internamente eu estava irado — disse Al. — Estava bravo com aquela pessoa, e ela não havia feito nada de errado. — Ele não expressou nenhuma irritação, pois isso poderia magoar o sentimento da outra pessoa, e ele não queria desapontá-la.

Al passou a década dos seus 20 anos assim, ele recorda: fazer o que julgava ser necessário para servir aos outros, não importa o que ele quisesse fazer para si mesmo.

— Eu passava meu tempo olhando em volta para ver onde poderia ser útil. Era o amigo mais prestativo que alguém poderia ter. Apareceria se precisassem de ajuda com a mudança, mesmo que minhas costas estivessem doendo.

A História do Dois

Parte dele percebia, mesmo na época, que ele fazia tudo isso para ganhar a aprovação das pessoas e que ser perpetuamente a Árvore Generosa provavelmente não era uma dinâmica saudável.

— Alimentava-me saber que eles pensariam bem de mim e que iriam, talvez, gostar mais da minha pessoa — admitiu. — E eu manteria minha reputação de superprestativo.

Contudo, ser constantemente prestativo estava lhe causando sérios danos. Ele estava exausto, deprimido e, no início dos seus 30 anos, precisava de ajuda.

Ele percebeu que precisava de ajuda. Parece tão fácil, não é? Não necessariamente para tipos Dois, pois sua identidade fundamental é a de que *eles* são os que ajudam, não os que precisam de ajuda.

Então, a ruptura para Al, o divisor de águas, foi quando ele começou a reconhecer que a história que estava vivendo todo esse tempo não estava funcionando. Isso aconteceu não somente por percepções de um conselheiro profissional e experiente. Aconteceu antes disso, na decisão de buscar ajuda na terapia.

— Isso foi o começo da mudança, penso eu — disse Al, simplesmente admitindo que ele era uma pessoa com necessidades e que, se as ignorasse constantemente, ele perderia a si mesmo. — As necessidades dos outros estavam sempre na frente das minhas. Em meu coração, isso não era algo nobre, mas necessário. Eu não pensava sobre minhas próprias necessidades.

Al tinha permitido que seu valor próprio fosse embrulhado em uma história que lhe dizia que ele só merecia amor e relacionamento caso atendesse as necessidades dos outros. Quando ele começou a desafiar essa história, começou a crescer.

Ver: A História de Origem do Dois

Assim como os outros membros de sua tribo, os Dois sempre prestativos, Al criou cedo na vida uma história que o forneceu uma forma de sobreviver e receber amor das pessoas. Os Dois não precisam crescer sob circunstâncias difíceis ou instáveis para internalizar a mensagem de que devem cuidar dos outros. Al conta que ele "cresceu com uma família amorosa", com pais que cuidavam bem dele e de sua irmã. Ainda assim, mesmo nessa situação amorosa e segura, Al internalizou a mensagem de que seu principal trabalho era permanecer positivo e ajudar os outros.

— Em nossa família, havia uma emoção primária aceitável, e era a felicidade. Seríamos felizes. Então fomos. — Quando desafios ou eventos tristes aconteciam, a família os ressignificava. Se o cachorro morresse, eles compravam outro logo em seguida. Essa era a mensagem.

Al passou a acreditar que discutir qualquer dessas coisas que o faziam se sentir triste ou angustiado apenas "faria com que todos se sentissem desconfortáveis e os afastaria da felicidade. Portanto, eu apenas abafava esses sentimentos".

Basicamente, havia pouco espaço para as necessidades de Al em sua família, o que é o caso de muitos Dois Prestativos que conheço. A estrada para receber amor, afirmação e segurança de que toda criança precisa se tornou para os Dois uma questão de agradar e dar. Eles começam a tecer uma história em torno da falsa crença de que não têm permissão de expressar suas necessidades. Fazê-lo seria considerado egoísta e uma rejeição descarada das regras da família.

Quais são as crenças errôneas e inconscientes que seguem os Dois na vida adulta e firmam suas velhas histórias? Al mencionou algumas delas, mas aqui estão mais algumas:

- Minhas necessidades são tão grandes, que dominariam qualquer um que as visse.
- As pessoas gostam de pessoas que estão sempre animadas e que as bajulam.
- As pessoas que me conhecem já deveriam saber do que eu preciso.
- Se eu expressar minhas necessidades, os outros me rejeitarão e me abandonarão.
- Eu provavelmente quero muitas coisas.

A História do Dois

- Ganhar a aprovação das pessoas é a chave para me sentir valorizado.
- Eu devo tentar sempre agradar aos outros, mesmo que isso faça com que eu me sinta miserável no processo.
- É um mundo de dar-para-receber.
- Ou eu sou indispensável, ou inútil.
- Sou poderoso somente quando estou dando, não quando recebo.
- Não sou ninguém se ninguém gostar de mim.

Assim como é com todos os tipos, quanto mais cedo os Dois trouxerem essas crenças tóxicas para uma percepção consciente e substituí-las por crenças saudáveis, mais cedo eles podem prosseguir em viver uma história mais verdadeira e mais feliz.

Jovens Dois aprendem a renegar suas necessidades e focam em ajudar aqueles ao seu redor. Como os outros tipos que são bem sintonizados com seu entorno, os Dois sentem o humor dos outros e encontram uma maneira de atender às suas necessidades — materialmente, emocionalmente, fisicamente, financeiramente ou de qualquer forma que puderem. Por esse comportamento se parecer com o dos Nove, Dois e Noves são dois dos tipos mais confundidos no Eneagrama. Ambos querem agradar e têm o intuito de avançar no que querem. Porém, eles o fazem por motivos diferentes: Noves estão se adaptando para evitar conflito, enquanto Dois estão ajustando sua imagem para que gostemos deles. Assim, com base no que dão às pessoas, os Dois automaticamente esperam que os outros retornem suas necessidades não expressadas.

Al chama essa expectativa de resultado de seu "conspirador interior". No passado, quando ainda não era evoluído, antes de reconhecer os padrões de sua velha história, ele inconscientemente se prendia à ajuda que dava às pessoas. Outros tipos Dois que conheço confirmam essa história de formação transacional. Uma de minhas professoras de Eneagrama favoritas, Beatrice Chestnut, antiga presidente da Associação Internacional de Eneagrama e autora do clássico livro O *Eneagrama Completo: O*

Mapa Definitivo para o Autoconhecimento e a Transformação Pessoal, a descreve como "estratégia de doação". Apesar de essa doação poder ser inconsciente, especialmente à primeira vista, ela se resume a "Se eu cuidar de você, então você cuidará de mim".[2]

Como uma Dois, Beatrice é bem ciente de como seu tipo aprendeu a se moldar a uma história funcional para ter suas necessidades atendidas.

— Uma das coisas que eu gosto sobre o Eneagrama — disse ela —, é que ele se baseia em para onde vai nossa atenção. Onde quer que nossa atenção esteja, isso consome muito nossa energia.

Isso é verdade para todos os tipos, claro, mas, como parte da tríade de corações baseados em sentimentos, os Dois focam em relacionamentos, especificamente em como seu relacionamento com os outros preenche sua própria necessidade de amor e estima.

Beatriz explica.

— Para mim, eu sempre foco os outros: como as pessoas estão se sentindo? Qual o status da nossa conexão? Temos uma boa afinidade, as pessoas estão gostando do que estou fazendo? Coisas assim. Boa parte do meu foco está em como melhorar ou criar um relacionamento positivo com as pessoas, especialmente as importantes. — Sua esperança é sempre essa: se ela os apoia, eles a apoiarão de forma recíproca.

Quando crescem, os Dois começam a gravitar em torno da ideia de atender às necessidades das pessoas de forma que reflitam a sua própria. Eles são os melhores amigos que escutam e consolam corações partidos. São os que dão presentes, dão festas, são astutos com piadas no tempo certo para melhorar o humor e mudar o tom do grupo. Oferecem caronas, oferecem jantares, cuidam dos animais de estimação dos vizinhos, limpam as entradas das casas de idosos que foram cobertas pela neve e arrecadam dinheiro para causas nobres. Crianças tipo Dois levam jeito para fazer amizades com desajustados e animar os solitários. Eles intuem do que os adultos ao seu redor precisam e oferecem o que podem — ajudar com as tarefas e, às vezes, oferecer um pequeno ombro para gente grande chorar.

A História do Dois

Como as histórias que os outros tipos contam a si mesmos, essa funciona — até que não funciona mais.

Possuir: A Força e a Sombra do Dois

Dois, Três e Quatro formam a tríade do coração baseada em sentimentos. Cada um desses três tipos cria uma variação sobre o tema de que não podem ser amados por quem eles realmente são, portanto, criam uma história-persona que os permite mascarar seus verdadeiros eus e o que eles acreditam ser suas deficiências e, em vez disso, assumem o papel que presumem ser o que cairá bem com aqueles ao seu redor. Enquanto Três adotam o papel de empreendedores de sucesso e Quatros se tornam especiais e únicos, Dois se tornam Prestativos. Eles cultivam uma persona otimista, positiva, que anseia por oferecer a mão, trazer um buquê, emprestar dinheiro, ser anfitrião de um evento, chorar a perda do próximo e doar mais que todos os outros.

Tal compaixão e generosidade pode ter permitido com que Dois aguentem o que seria uma situação insuportável. Alguns foram privados da atenção, afeição e afirmação, que constrói blocos de autoestima saudável em crianças. Sem outra forma de ter suas necessidades atendidas, os Dois encontraram uma forma de preparar um alimento para si mesmos com as migalhas da gratidão alheia. Eles queriam amor e se contentaram com apreço. Quando adultos, porém, continuam famintos sem perceberem que têm o poder para, finalmente, mudar sua história — pedir diretamente às pessoas aquilo de que eles precisam e praticar um autocuidado saudável.

A falsa história que o tipo Dois conta a si mesmo é a de que abrir-se sobre sua própria necessidade apenas revelará seu verdadeiro eu, não passível de ser amado, levando à humilhação e à rejeição, então eles trabalham para serem indispensáveis para aqueles ao seu redor. Tornam suas casas convidativas e encorajam as pessoas a aparecerem sem avisar. Eles estão sempre dispostos a oferecer um sofá para os outros dormirem, dinheiro para a gasolina, para que os que tiverem problemas financeiros possam comparecer. São ótimos conselheiros, professores, mentores,

Reescrevendo a Sua História

ativistas sem fins lucrativos e voluntários comunitários. (Você não se surpreenderá por saber que Al se tornou um terapeuta profissional).

Conselhos são dados cuidadosa e generosamente pelos Dois, que geralmente compartilham soluções com pessoas que não pediram ajuda ou preferem resolver seus próprios problemas. Implacáveis contra a resistência educada, eles dão seu número de telefone e encorajam as pessoas a ligarem, de dia ou de noite. Não importa o problema de alguém, os Dois encontrarão uma forma de consertá-lo. Como um amigo tipo Dois uma vez me disse, "Se todos os meus amigos pulassem de uma ponte, eu não pularia junto. Preferiria estar no fundo para pegá-los enquanto caem!"

Dois escutam cuidadosamente as necessidades expressadas pelas pessoas, mesmo quando elas nem percebem que estão revelando algo. Estão acostumados a usar tal generosidade focada e desenfreada para insinuar-se na vida alheia.

Tenho certeza de que funciona muitas vezes. Em vez de construir relações e compartilhar interesses, confiança conquistada e experiências com o tempo, os Dois mergulham em sua velha história e presumem que ninguém gostaria ou desejaria que eles simplesmente fossem quem são. Eles, erroneamente, acreditam que, se pararem de ajudar, doar e servir, as pessoas os abandonarão. Assim, continuam se insinuando de modo que são paradoxalmente generosos e dissimulados ao mesmo tempo.

Quando seus presentes, ofertas ou assistência são rejeitados, ou educadamente negados, eles por vezes agem como se estivessem profundamente ofendidos. "Eu estava apenas tentando ajudar", dizem os Dois, geralmente seguido por: "Desculpe-me por me preocupar e tentar fazer a coisa certa." Tal resposta frequentemente provoca nos outros uma vontade relutante de aceitar a ajuda, apesar de tudo. Os Dois são determinados a chutar a porta até que ela se abra e eles sejam convidados a entrar.

Na verdade, por vezes os Dois são totalmente implacáveis sobre descobrir pessoas que precisam deles. Enquanto seus cuidados são, geral-

A História do Dois

mente, universais e indiscriminados, os tipo Dois frequentemente percebem alvos fáceis que são mais fracos, mais necessitados e menos capazes. Oferecendo o que eles julgam ser as necessidades desses indivíduos, os Dois inconscientemente consideram essas pessoas em dívida com eles, embora tentem fazer parecer como se não houvesse cobrança, o que pode ser confuso e frustrante para aqueles que estão sendo ajudados. Dois dizem "Não, você não precisa me pagar de volta — por favor, eu nem sonharia com isso! Isso é um presente meu para você", enquanto inconscientemente estão pensando "Pergunto-me se essa pessoa atenderá às minhas necessidades no futuro sem eu ter que pedir diretamente".

Quando os outros não retribuem ou demonstram o que os Dois consideram ser o apreço adequado, então os Prestativos partem para extremos — seja como mártires feridos de quem as ações santas passaram despercebidas ou como o perseguidor desesperado tentando fazer ainda mais para aqueles ao seu alcance. As pessoas que eles querem ajudar, compreensivamente, acabam criando uma distância ou estabelecendo limites, impedindo que os Dois consigam a afirmação que acreditam que deve vir dos outros. Aqueles em relacionamentos com pessoas tipo Dois podem até sentir pena deles por serem tão grudentos e desesperados para fazerem parte da vida dos outros. Dependendo da história de seus próprios tipos, outros podem partir para o socorro de Dois em perigo, outra vez atendendo indiretamente às necessidades dos Dois. Quando Dois *não* conseguem o que pensam que precisam dos outros, eles adentram pontos doloridos de seu passado, comumente experimentando ondas avassaladoras de medo, luto e raiva acumulados.

Uma vez que o tipo Dois percebe que seus métodos usuais estão afastando as pessoas, ele julga a qualquer um que se afasta dele como ingrato e não digno, reforçando a história ao criar barreiras e agir como se não precisasse de nada de ninguém. Pode apostar, porém, que a maioria dos Dois busca imediatamente por outras pessoas, alvos mais merecedores de sua suntuosa atenção.

Despertar: Avaliando o Custo

Dois têm muitos presentes incríveis, positivos e carinhosos para dar ao restante de nós. Contudo, se não estiverem dispostos a retirar a máscara de suas histórias falsas, nunca descobrirão uma nova história para viver.

Geralmente é preciso uma crise relacional de algum tipo para que os Dois acordem para a história que têm vivido e façam mudanças em como agirão dali para a frente. Para Lisa-Jo Baker, autora de livros como *Never Unfriended* e *Surprised by Motherhood* [ambos sem edição em português], o que houve foi que ela começou, na meia-idade, a entender as dinâmicas nocivas que ela permitia sendo uma Dois e como ela se sentia ressentida com todo o tempo e energia que gastava em servir as pessoas.[3] Quando criança, ela assumiu o papel de cuidadora da família depois que sua mãe faleceu, agindo como intermediária entre a raiva de seu pai e as necessidades de seus irmãos.

Mesmo com seus 20 anos de idade, ela ainda era chamada para ser a "negociadora de reféns" nas ligações internacionais com seu pai e a nova madrasta, que estavam discutindo um com o outro. Então, mesmo sendo adulta e vivendo em outro país, na época, ainda era seu trabalho acalmar seu pai.

Levou anos para que ela fosse capaz de dizer: "Isso não é mais da minha conta." Parte do que mudou foi que ela se tornou mãe e aprendeu a criar limites com seus próprios filhos, que eram, como toda criança, "poços sem fundo de necessidades". Ao fim do dia, após dirigir com eles por todo lado, ajudar com o dever de casa e preparar suas refeições, tudo que ela queria era uma chance de se sentar no sofá e relaxar. Mas as crianças continuavam a precisar dela.

— Eu não entendo o porquê de você não poder ir para um show — disse seu marido.

— Eu não entendo como você *pode* — replicou Lisa-Jo. — Você não se sente culpado? Não sente que essas crianças ainda precisam de algo de nós?

A História do Dois

— Não. Não sinto. — Ele estava confuso. Não via problema em "deixar a obrigação" ao fim do dia, o que fez Lisa se perguntar: como seria isso?

Uma coisa que ela descobriu ser útil foi quando disse em voz alta: "Escuta aqui. Você tem permissão! Vá descansar." Ela sabe, no fundo, que não precisa que outra pessoa lhe dê permissão para descansar, mas ouvir isso ajuda a interromper o circuito de sua velha história — aquela que lhe diz que seu valor está embrulhado na felicidade alheia e que ela só será valorosa enquanto atender as necessidades do próximo.

Assim, Lisa-Jo começou a descobrir a liberdade que vem de estabelecer limites com seus filhos. "Seus sentimentos não são meu chefe", é o que ela lhes diz agora — e está sendo honesta.

Ela também deu outro grande passo para estabelecer limites em sua relação com seu pai. Uma vez, quando o visitava, ela discordou de algo que ele disse, e ele ficou chocado.

— Tentei discordar educadamente, porém, quanto mais eu discordava, mais ele... Ele apontou o dedo na minha cara e disse: "Pare. Não. Pare. Pare de dizer isso para mim." — Lisa é rápida em afirmar que seu pai teve sua própria jornada de transformação desde então, mas na época, ele estava profundamente ameaçado por esse simples exemplo da Lisa-Jo se impondo e tendo sua própria opinião.

Gostaria de dizer que, para cada um dos nove tipos, o passo de Despertar é difícil, pois exige que você esteja ciente de seu roteiro padrão em tempo real e tome atitudes para mudá-lo. Contudo, penso que isso é particularmente difícil para os Dois, que estão tão ligados em agradar aos outros. Então, vamos estabelecer uma coisa de uma vez: seu despertar *não* agradará a todos ao seu redor. Você irritará muitas pessoas. Muitos, como o pai de Lisa-Jo, se sentem confortáveis com a forma com que você sempre se contorceu para colocar as necessidades deles acima da sua própria. Eles ficarão confusos com sua decisão de estabelecer limites e de separar sua felicidade da deles. Porém, aprenda com Lisa-Jo e vários outros Dois que deram esse avanço e você encontrará liberdade do outro lado.

Reescrever: Crie Sua Nova História

A transformação de Lisa-Jo foi uma alegria para os olhos. Isso também vale para Al. Lembre-se de que, em seus 20 anos de idade, ele estava se entregando por aparência, mesmo quando o ressentimento crescia dentro de si. Como eu disse, uma ruptura aconteceu quando ele decidiu procurar terapia. Outra aconteceu quando ele mesmo se tornou um terapeuta. Naqueles primeiros anos, Al "levava trabalho pra casa" — todo o sofrimento de seus clientes, todas as suas dores.

— Eu sentia isso. Colocava um grande peso sobre mim mesmo — disse ele.

Seu mentor o chamou em privado e ofereceu uma perspectiva diferente.

— Al, as pessoas são muito resilientes — o terapeuta mais experiente o aconselhou. — Geralmente, as pessoas que você está ajudando vêm lidando com isso por quinze, vinte até trinta anos. Elas vão sobreviver até a próxima semana.

Isso foi uma epifania para Al. Seu trabalho não era salvar pessoas em um ato dramático, mas entender que ele era apenas uma peça da jornada delas.

— Eu não sou a resposta final aqui — percebeu Al. Outras pessoas também ajudariam seus clientes. Deus estava trabalhando na vida deles. Caramba, seus clientes podem até encontrar alívio e discernimento ao ver um adesivo certo no momento certo. Ele era apenas uma parte no processo.

A humildade de Al, ganha com muito custo, vai contra a velha história dos Dois, a de que a ajuda deles é indispensável. O Eneagrama da Paixão para os Dois pode parecer surpreendente: é orgulho. Isso não significa que eles são envaidecidos com suas conquistas (apesar de alguns deles serem) ou que pensam que estão sempre certos sobre tudo. Para os Dois, o orgulho se manifesta em uma inabilidade de admitir suas próprias necessidades. Como a autora de Eneagrama Alice Fryling explica, "Eles podem sentir orgulho do fato de saberem do que os outros precisam, mas os outros não sabem do que eles precisam".[4] Há uma natureza

A História do Dois

de "onde o mundo estaria sem mim?" no orgulho de um Dois. Eles não admitem que têm necessidades como as outras pessoas.

Para redirecionar suas velhas histórias, os Dois podem desenvolver a habilidade de pausar regularmente, para que novas escolhas substituam hábitos padrões. Como Beatrice Chestnut compartilhou, revisar sua história como um Dois requer paciência.

— Quando comecei a trabalhar em mim mesma, fiz meu mantra: *Do que eu preciso agora mesmo?* Responder a essa pergunta exigiu muita compaixão, autocompaixão e nenhum julgamento. Percebi que estava tudo bem em não saber de imediato. Poderia permitir que "eu não sei" fosse uma resposta legítima. Conectar-se com as próprias necessidades e também com seu próprio senso de identidade é muito importante para os Dois.

O que espera do outro lado desse processo é a Virtude do Dois: humildade. Isso significa finalmente aceitar que eles não têm todo o tempo, tesouro e discernimento para ajudar a todos. Isso também significa que os Dois reconhecem que suas necessidades são tão importantes quanto as de qualquer um. Assim como há liberdade para os Um em admitir seus erros para os outros, há liberdade para os Dois em admitir suas necessidades. Que eles são geralmente solitários, tristes e *humanos*, assim como todo mundo. Especiais, mas não especiais. Quando Dois podem ter suas necessidades, eles começam a reescrever suas histórias.

Foi assim que Al se tornou o Dois mais evoluído que eu conheço. Onde moro, em Nashville, ele é meio que uma lenda, por conta de um serviço que fundou, chamado Porter's Call, que oferece aconselhamento gratuito para músicos e artistas de gravadoras. Posso te dizer quantas pessoas eu ouvi me dizerem "Eu passei por um período da minha vida que foi horrível, e Al Andrews me ajudou a me recompor".

Mas Al tem limites saudáveis agora. Ele não é mais alguém que *deve* ajudar, como um Dois não saudável e como foi um dia. Ele é alguém que geralmente escolhe estar *disponível* a ajudar.

Ideias para a Nova História do Dois

Dois com novas histórias param de focar exclusivamente em como ajudar aos outros e passam a explorar formas de atender suas próprias necessidades. Perguntar diretamente de que precisam é crucial. Tanto quanto resistir à tendência padrão de amenizar, cuidar, consertar, ajudar e se conectar com todos que encontram.

Se você for um Dois, a transformação precisa começar por você, portanto, *agere contra* significa prestar atenção às suas necessidades. Você já está muito investido em outras pessoas e em seus sentimentos. Em vez disso, torne-se um detetive e investigue seus *próprios* motivos, expectativas e emoções. Tome nota de seu status emocional de três a quatro vezes ao dia, anotando em seu celular ou em um caderno. Há também aplicativos que você pode usar para esse propósito, tal como MoodKit e o Daylio. Qualquer método que usar, preste atenção a como se sente, e não somente ao que intui do sentimento daqueles ao seu redor.

Faça uma lista com suas dez principais necessidades no momento, agora mesmo — física, emocional, financeira ou espiritual. Pense sobre uma tarefa específica que sabe que precisa de ajuda, mas resiste em pedir. Agora pense em três pessoas que ficariam felizes em ajudar com essa tarefa. Peça ajuda até que alguém concorde em ajudar. Então certifique-se de *não* fazer nada de especial por essa pessoa entre agora e o momento em que ela ajudá-lo. Na verdade, além de um sincero "obrigado", não lhe dê nada depois. Também não compre para ela uma lembrancinha quando for fazer compras.

Lembre-se de que parte da transformação que vem de mudar sua velha história de Dois é humildemente aceitar a ajuda de que precisa. Na verdade, seguindo em frente, faça o ato de pedir por aquilo de que precisa, um hábito que pratica todos os dias. Enquanto toma notas sobre seu humor e seus sentimentos, mantenha um registro disso também: o que você pediu hoje, e para quem? O que aconteceu?

Se for como muitos outros Dois, você deve ter um balanço subconsciente que leva consigo em sua mente, uma longa lista de favores passados que prestou e as dívidas contraídas deles. Tire algum tempo para re-

A História do Dois

fletir, registrar e listar todos os velhos rancores inconscientes que ainda deve guardar e dívidas não pagas que outros lhe devem. Seja honesto sobre como se sente e não esconda nada. Não se espante se ficar com mais raiva do que nunca. Pense sobre o porquê de estar tão bravo em cada caso. Também não se surpreenda se tiver uma longa lista de pessoas que lhe devem dinheiro ou possam ter tirado vantagem de sua generosidade na época. Quando se pendurava em sua falsa história que dizia que você precisava que as pessoas precisassem de você para que tivesse valor, você provavelmente encorajou uma certa quantidade de relacionamentos que não tinham limites saudáveis. Respire fundo e lembre-se de que está começando algo novo.

Quando terminar o inventário de rancor e dívidas, tente resolver cada um dos itens que listou. Se alguns forem pequenos, pode ignorá-los e, então, seguir para os outros. Se outros exigirem uma conversa para expressar seus sentimentos e clarear tudo, agende — é preferível que seja pessoalmente. Se as dívidas puderem ser perdoadas, perdoe e deixe que o devedor saiba. Se não, deixe-o saber que você gostaria de discutir uma forma para que ele possa lhe pagar o que deve. Para todos os casos, faça o que for preciso para perdoar os outros. Então perdoe a si mesmo por se ressentir e guardar rancor deles por tanto tempo.

À medida que segue em frente com sua nova história, fique vigilante sobre o quão frequentemente você se encontra farejando as necessidades alheias. Pratique prestar atenção em quão frequente seu impulso de ajudar se faz presente — especialmente com pessoas que conhece pouco ou não conhece. Não se assuste se isso for um componente para cada encontro que tiver com as pessoas na maioria dos dias. Enquanto se torna mais ciente de sua tendência padrão de ajudar, tente criar espaço, em vez de imediatamente pular para estender uma mão ou oferecer um elogio. Isso pode se parecer com contar até dez em alguns casos e se afastar de uma situação em outros. Tente dizer não para alguém todos os dias. Enquanto pratica isso, você começará a perceber quais coisas realmente *quer* fazer, os projetos e pessoas que se sente genuinamente tocado para ajudar, e ficará mais fácil de manter limites para as outras coisas.

Reescrevendo a Sua História

Nosso mundo seria mais triste, solitário e necessitado sem os presentes vibrantes que os Dois oferecem. Pense em todos os enfermeiros, médicos, conselheiros, pastores, padres, freiras, professores, fundadores de organizações sem fins lucrativos, angariadores de fundos, bons vizinhos e ótimos amigos que são Dois.

Pode parecer piegas, mas eu amo o mantra da nova história compartilhada por um amigo meu: "Está tudo bem para um Dois se tornar o número um." Ele está certo — não está apenas *tudo bem*, mas é *essencial*.

Dois nunca são o segundo melhor quando colocam suas necessidades em primeiro lugar.

A História do Três
Pausa para o Performático

"Esqueça sobre ser impressionante e comprometa-se a ser real. Porque ser real é impressionante!"
— Jonathan Harnisch

A lembrança mais antiga de minha amiga Lisa Whelchel é a de uma performance. Ela tinha 3 anos de idade, e sua mãe a inscreveu em uma aula de recitar rimas na creche com outras crianças. Cada criança deveria aprender uma rima em seis semanas para recitar na frente de sua família no fim do verão.

Porém, Lisa foi além.

— Eu memorizei *todas* as rimas da creche e adicionei movimentos com as mãos e uma coreografia, tudo com um grande sorriso no rosto — contou-me Lisa.[1] Sua professora a deixou por último, para fechar com chave de ouro. Quando ela terminou a performance, houve grandes aplausos, incluindo das pessoas que ela mais queria impressionar, seus pais. — Lembro-me de encontrar o olhar do meu pai no fundo e pensar:

"Eu acho que ele gosta de mim." Sua mãe também estava encantada, levantando Lisa com orgulho e a carregando enquanto cumprimentavam outros pais.

— Naquele momento, a mensagem que eu recebi foi: "Não faça apenas o que é esperado de você; faça além. Se fizer muito bem, então terá o amor e a aceitação que todos desejam."

Essa foi a mensagem que ela carregou consigo quando começou na escola, tornando-se uma aluna que tirava notas máximas e a favorita dos professores. Foi o que ela internalizou quando se tornou cristã, aos 10 anos de idade, determinada a "se tornar a melhor cristã que já existiu". E foi isso que a levou a conquistar as coisas quando começou a atuar na infância.

— Eu conseguia tudo pelo qual fazia testes — disse ela, mudando de papéis locais para o cobiçado espaço no *Novo Clube do Mickey Mouse,* aos 12 anos.

Lisa foi, na verdade, quem fez o teste acontecer — a Disney já havia feito uma busca por talentos pelo mundo, mas não foram para a região de Dallas, onde ela vivia. Então, a corajosa Lisa escreveu uma carta e disse que seu pai pagaria para que ela voasse até Los Angeles se eles a dessem uma chance de fazer o teste. Ela conseguiu o papel, superando uma jovem Courtney Love no processo.[2]

Esse tipo de motivação deu a Lisa outros papéis na adolescência, incluindo seu grande papel como a patricinha Blair Warner, em *Vivendo e Aprendendo,* um sitcom de sucesso que ficou no ar por nove anos. Sua necessidade por sucesso, disse ela, "só crescia — foi realmente o roteiro da minha vida".

Quando o programa terminou, Lisa estava pronta para o próximo estágio do sucesso em sua vida: tornar-se esposa de pastor e mãe.

— Filmamos o último episódio de *Vivendo e Aprendendo* em março de 1988. Eu me casei em julho de 1988. Engravidei em 1989 e tive meus filhos em 1990, 91 e 92. Até para dar à luz fiz como uma Três. Ela educou os filhos em casa e era conhecida por sua organização, dividindo a rotina das crianças em intervalos de quinze minutos para a hora do lanche, a hora de recreação e coisas do tipo.

— Eu era uma mãe muito eficiente — disse ela. — Eu queria que eles tivessem a melhor infância e queria ser a melhor mãe do mundo. — Ela também acumulou mais conquistas, publicando livros, e quando seus filhos cresceram, ela se tornou uma favorita dos fãs no programa *Survivor*.

Lisa é um exemplo particular de destaque, mas seu desejo de ganhar a admiração dos outros é uma característica típica dos Três, adequadamente nomeados Performáticos. Cedo na vida, os Três conformam-se às expectativas de pessoas importantes na vida deles — expectativas que refletem favoravelmente neles mesmos, em seus familiares e até mesmo em suas tradições religiosas. Perceba como Lisa disse que queria estar no topo o tempo todo em sua carreira de atriz, como mãe e como uma pessoa de fé. Essa é a pressão que os Três colocam sobre si mesmos desde muito novos. Quando crescem, eles geralmente abandonam peças vitais de seu verdadeiro eu, inconscientemente acreditando que têm que renegar certas partes de si para serem amados.

Lisa passou boa parte do tempo, com o passar dos anos, aprendendo sobre personalidade e o Eneagrama, então está familiarizada com muitos dos aspectos sombrios de ser uma Três, como ser agradável com todos, mas pessoal com poucos. Um ponto de virada para ela foi quando percebeu, já na vida adulta, que não tinha um melhor amigo. Três são fáceis de se gostar, especialmente por trabalharem duro para fazer com que os outros gostem deles e os admirem. Porém, também podem ser reservados e cuidadosos para se apresentarem da maneira mais lisonjeira possível. Lisa, como uma Três evoluída, sabe que está entrando em uma zona de perigo sempre que se vê ensaiando antes do tempo o que dirá para alguém a fim de receber afirmação. E ela sabe que está sujeita a "amplificar" ou exagerar a verdade para fazer com que pareça bem, apesar de que suas convicções religiosas a impedem de esculpir a verdade, o que pode ser um problema com Três não evoluídos.

— Eu consigo ler o ambiente e o sentimento das pessoas — disse Lisa. — Isso é uma coisa boa, mas também pode ser algo negativo, se faz com que eu ajuste meu eu autêntico baseado em meu medo da rejeição ou percepção dos outros.

Esse é um excelente resumo do lado sombrio dos Três, de quem a autenticidade pode se perder em seu desejo de escalar outro degrau na escada do sucesso.

Ver: A História de Origem do Três

Similar aos seus colegas na tríade do coração, Dois e Quatro, a história de origem dos Três gira em torno de sua crença central, firmada cedo na vida: eles não podem ser amados simplesmente por serem quem são.

Enquanto Dois se tornam valorosos ao atenderem às necessidades dos outros e Quatros o fazem ao serem especiais e únicos, jovens Três aprendem que conquistas e troféus lhes dão validação o suficiente para sobreviver. As pessoas importantes na vida deles, aberta ou inconscientemente, habitualmente não valorizavam os pequenos Três por quem eles eram, somente pelo que conquistavam. Esses pais não eram necessariamente negligentes ou desengajados na vida de seus filhos; pelo contrário, muitos Três indicam que se sentiam especialmente próximos de um dos pais em particular; comumente o do mesmo gênero que o seu, mas não sempre; que incutiu neles um senso de ambição. Isso os levou a se sentirem valorizados.

Muitas vezes, essas figuras parentais não estão cientes de que estão condicionando seus filhos a se tornarem tão motivados pela performance. Em alguns casos, eles estão tentando acender o impulso que seus próprios pais inflamaram antes deles. Estão tentando bater os recordes e reivindicar os prêmios que lhes foram negados, ou continuar o legado de uma família com muitas conquistas. A mensagem que seus filhos ouvem é a de que eles devem ser bem-sucedidos para serem amados. E, para alguns, isso leva a padrões nos quais a barra de "sucesso = amor" é levantada cada vez mais alto. Eles dizem: "Bem, já que o último prêmio me proporcionou amor, se eu fizer o dobro, receberei *muito* amor."

A História do Três

Ao crescer, jovens Três podem ter entrado em papéis tão pesados, com expectativas tão grandiosas, que nunca percebem a pressão sobre eles até a vida adulta. Alguns descrevem crescer em famílias nas quais era esperado deles não apenas conquistar, mas seguir um caminho em particular estabelecido por seus pais: que eles deveriam se tornar médicos, por exemplo, ou frequentar uma determinada faculdade. A ideia que os Três têm disso é a de que seus próprios sonhos não importam, eles devem fazer o que for preciso para atender às expectativas da família.

Como resultado de ser a estrela ou herói da família, jovens Três aprendem a se destacar em qualquer ambiente. Eles devem ser mais inteligentes, mais fortes, mais rápidos e mais preparados do que os outros. Impulsionados pelo desejo de agradar uma plateia tão exigente e evitar a vergonha e a raiva associadas com qualquer perda constituída, esses Três não param até que estejam no topo. Seu padrão de sucesso se torna sua identidade.

Penso sobre outro amigo que recebi no programa, Jeff Goins. Como seria de se esperar de um bom Três, Jeff é um blogueiro vencedor de prêmios, palestrante requisitado e autor best-seller de vários livros. Ele leciona em cursos online e está bem certo de que faz a melhor guacamole do mundo. Porém, entre suas conquistas, ele percebeu um dia que ainda não sabia se havia agradado a seu pai. Jeff explicou.

— Há não muito tempo, eu tive uma conversa com meu pai e fiquei muito frustrado. Então eu disse: "Meu Deus, pai! *O que eu preciso fazer para deixá-lo orgulhoso de mim?*"[3]

Enquanto todos querem a aprovação dos pais em certo nível, os Três querem, mas nem sempre percebem quando recebem. Jeff prosseguiu na conversa com seu pai:

— Eu nunca lhe pedi dinheiro. Nunca precisei de nada de você. Eu paguei por minha faculdade com subsídios, bolsas estudantis e trabalhando durante o verão. Mesmo quando as coisas estavam difíceis, eu me virei. Não fiz sexo antes do casamento, não engravidei ninguém.

Mesmo não sendo perfeito, ele tinha um forte compasso moral e tentava fazer a coisa certa. E obteve conquistas incríveis no trabalho ao longo dos anos, tornando-se um autor best-seller, começando seu próprio negócio e evitando contrair dívidas. Então, quando Jeff enumerou tudo isso, seu pai foi pego de surpresa e disse.

— Nada, estou orgulhoso de tudo que você fez. — Jeff não sabia até aquele momento.

Crenças equivocadas e percepções inconscientes comandam nossa vida e perpetuam a falsidade de nossa velha história. Elas devem ser expostas pelo que são — mentiras. Não tenho certeza se Jeff diria que assinou a lista de crenças, mas muitos Três me contam que se identificam com elas, até que acordam e começam a se desembaraçar delas.

- Eu seria mais feliz se tivesse mais sucesso.
- Se não sou o número um. Não sou nada.
- O mundo premia o fazer, não o ser.
- Eu tenho valor quando os outros me admiram.
- Fracasso não é uma opção.
- Imagem e aparência importam muito.
- Se não for alguém, você não é ninguém.
- Está tudo bem em usar uma máscara para conquistar diferentes tipos de pessoas.

É vital perceber que a história de infância e as falsas crenças dos Três estão em conflito com o Evangelho. Ser importa mais do que fazer. Superficialidade não é tão importante quanto a substância. O fracasso não tem a palavra final. Não é certo projetar um falso eu. E o sucesso não se iguala à felicidade. Se quiserem ser livres para viver uma nova história, os Três devem abandonar tais crenças.

Possuir: A Força e a Sombra do Três

Três usam suas forças, não para sobreviver, mas para *crescer*. De todos os tipos, os Três geralmente parecem ser os mais confiantes, focados e organizados. Dependendo da plateia para quem performam, eles geralmente fazem a vitória parecer fácil, sem esforço. Mantenha em mente que, apesar disso, a força deles é performar e se adaptar ao que quer que agrade e impressione a multidão.

Conscientes da aparência e espertos, os Três são capazes de se articular instantaneamente e serem charmosos, sinceros, agradáveis, acessíveis e identificáveis — o que for preciso para conquistar um investidor, convencer um juri, entreter convidados, vencer um oponente ou inspirar uma multidão. Os Três são os melhores atores que usam métodos de atuação, antecipando o que um indivíduo particular, um grupo ou uma audiência quer deles, assim, como Lisa mencionou, dando-lhes mais do que esperam. Não é de se espantar que muitos artistas superestrelas são poderosos Três.

Três sobrevivem ao assumir o controle e a liderança, esperando que os outros trabalhem duro e se sacrifiquem tanto quanto eles para atingir os alvos e alcançar os objetivos de vida. São organizados, eficientes e capazes e quase sempre têm muitos planos em progresso a qualquer momento. Seguir adiante é natural para muitos Três, contanto que os meios levem à recompensa — conseguir um diploma, fundar uma startup, vencer uma competição, conseguir o melhor escritório, ultrapassar um milhão de seguidores no Instagram. Altamente competitivos em quase todas as arenas, os Três aprendem a identificar o que é necessário para derrotar seus oponentes e vencer o jogo.

E eles fazem isso com um charme encantador. Enquanto Noves, os Pacifistas, entendem e apreciam os vários pontos de vista em um conflito e, assim, enxergam uma situação em que ambos vencem, os Três são implacáveis sobre conseguirem o que querem para si ou suas organizações. Essa teimosia é também verdadeira para os Sete e os Oito, que se juntam aos Três no que o Eneagrama chama de "postura agressiva": eles veem o que querem e simplesmente vão e pegam. Quando confrontados com um obstáculo ou inconveniência, os Três martelam no que querem enquanto, geralmente, oferecem algum tipo de prêmio de consolo ou o que parece ser um gesto conciliatório à outra parte interessada.

Enquanto são adeptos de encontrar soluções que os beneficiem, Três não costumam saber como lidar com as respostas emocionais das pessoas. Eles não têm certeza de como responder aos sentimentos alheios, pois estão fora de sintonia com os seus próprios. O que nos leva ao seu lado sombrio e o preço elevado de seu sucesso: por serem tão particularmente focados em parecer bem-sucedidos, os Três perdem o contato com suas emoções e outras facetas de identidade que levam ao seu verdadeiro eu.

Eles definem a si mesmos por seus currículos. Tornam-se superidentificados com o que fazem e tendem a igualar seu valor com suas conquistas. Sem todas essas conquistas para impressionar os outros, eles temem não ser absolutamente nada. Como Jeff Goins me disse, "A percepção das outras pessoas sobre mim de certa forma define minha própria percepção de mim mesmo". Se ele desse um nome à sua velha história, ela poderia se chamar *Eu Devo Ser um Sucesso, Pois Você Pensa Assim*. Assim como muitos Três, sua fraqueza emerge quando ele não consegue ganhar a aprovação de outros ou seus padrões parecem mudar.

Muitos Três não conseguem compreender que outros poderiam rejeitar o que eles fazem — especialmente se estão fazendo algo extraordinário — e, em vez disso, os desejar por quem eles são. Três que estão presos em uma velha história não têm uma consciência de sua identidade, um verdadeiro eu, além do que eles fazem, então é frequentemente confuso e até mesmo aterrorizante quando outros os repreendem ou vislumbram mais quem eles verdadeiramente são. Eles estão muito mais confortáveis em ficarem presos ao seu velho roteiro — funcionou antes, por que mudar agora? — do que arriscar a falta de familiaridade, a vulnerabilidade desconfortável e a transparência exigida para uma nova. Três são notórios viciados em trabalhar, orgulhando-se de trabalhar oitenta horas por semana, em responder mensagens e e-mails durante o fim de semana ou por estarem previamente preparados na frente de todos. Eles têm dificuldade em balancear a vida com o trabalho como nenhum outro tipo e quase sempre se sentem "ligados", instantaneamente mudando para o modo trabalho, já que nunca desligam. Três dizem a si mesmos que tudo menos que hiperprodutividade está em segundo lugar, é preguiçoso e um precursor do fracasso. Essa história cria tamanho buraco em sua psiquê, que quando tentam mudar seus hábitos sem mudar sua história, os Três prontamente descarrilham. Eles sentem que simplesmente não conseguem ajudar a si mesmos — acreditam que têm que trabalhar, pois têm pouco senso de quem são para além do que fazem.

Consequentemente, Três podem ser incrivelmente resistentes a tentativas de mudar seu comportamento e focar o emocional, o espiritual e o psicológico. Quando são pressionados a fazer mudanças internas, ou quando outros exigem que mostrem seu verdadeiro eu, Três podem ficar inseguros e se recolher em negação e incredulidade.

Talvez o tipo mais consciente de sua imagem no Eneagrama, os Três também podem canalizar sua frustração em vaidade e narcisismo, presos à crença de que os outros nunca devem vê-los suar, de que eles devem estar sempre vestidos para o sucesso, bem arrumados e prontos para entrar em ação. Três sabem como manter as aparências, não importa o que aconteça ao seu redor. *Finja até conseguir* foi a mensagem grafitada na mente de todos os Performáticos em ascensão. Eles podem trabalhar rotineiramente se não mantiverem obsessivamente o nível de aptidão que julgam necessário para se parecer da melhor forma que puderem. Alguns também estão dispostos a depender de estimulantes, como cafeína e até mesmo drogas, para aumentar o desempenho e permanecer diligentemente focados.

O lema de um Três geralmente é: *O que for preciso.*

Porém, o que é preciso é um grande custo sobre o corpo deles, seus relacionamentos e sua alma.

Despertar: Avaliando o Custo

A maioria dos Três não começa o processo de avaliar os custos e de mudar sua velha história até que as linhas falhas sob seu gramado paisagístico cedam a um grande terremoto. Eles geralmente permanecem adormecidos em suas esteiras padrão por mais tempo que os outros tipos pela mesma razão que sustenta suas velhas histórias: eles são bem-sucedidos e não suportam admitir a verdade se não forem. "Por que eu iria querer fazer qualquer trabalho no meu interior se minha vida exterior

Reescrevendo a Sua História

funciona para mim?", eles perguntam. Afinal, eles *parecem* bem, e é isso que sempre valorizaram.

Três podem continuar a agir dentro de suas velhas histórias por mais tempo que pessoas de outros tipos. Muitos Três estão com seus 40, 50, ou mesmo 60 anos de idade antes de sentir o impacto e despertar para a nova história. Eles têm um ataque cardíaco ou um AVC por conta de uma vida toda se sobrecarregando com o trabalho e a privação de sono. Seus cônjuges se recusam a jogar o jogo de manter as aparências enquanto estão famintos por intimidade e engajamento emocional completo. Seus negócios afundam em uma recessão ou mudança no mercado econômico por conta de eventos para além de seu controle.

Lisa Whelchel teve muitas epifanias em sua jornada para uma autoconsciência melhor, mas um momento especialmente crucial aconteceu aos 50 anos de idade, quando um relacionamento deu errado. Ela havia se divorciado e experimentado a dor, e agora outro relacionamento havia terminado. Isso a empurrou para dentro do "aterrorizante abismo do vazio" de ser uma Três que confundiu sua identidade com algo e ter sido malsucedida nisso.

— Quando não funcionou, eu senti tudo aquilo que vinha tentando não sentir — disse ela. — Que eu não faço nada bem o suficiente para manter o amor.

Ela estava preocupada que não teria nada para oferecer se não conquistasse algo espetacular. Sem suas conquistas, ela poderia ser vista como ordinária, entediante ou não atrativa. O que a ajudou, no fim, foi reconhecer a sombra do Três, "não somente as partes brilhantes". Ao experimentar esse tipo de crise e perda, os Três podem se sentir sem restrições, à deriva da vida cuidadosamente organizada que trabalharam tanto para construir. Talvez até serem confrontados com dor inegável e angústia, eles não terão contato com suas emoções ou serão autorreflexivos. Eles acreditaram que não havia razão para descer até o porão, se tudo no andar de cima estava funcionando. De repente, algum evento traumático ou perda repentina sacode a casa até a base, e os Três não sabem quem são ou o que fazer.

A História do Três

Se tiverem a sorte de acordar e quiserem mudar sua velha história antes de tal tormenta chegar, então geralmente é um custo gradual e cumulativo de performance que os estimula a mudar. Estão exaustos. Esses Três estão acordando perturbados às duas da manhã, incapazes de fechar a mente, mas também incertos do que está acionando seus alarmes.

Jeff Goins percebeu que tinha que mudar após reconhecer a mensagem de um sonho recorrente, um que ele teve no decorrer da vida adulta.

— Eu estava de volta à faculdade — descreve ele —, era o último semestre do último ano, e eu percebi que tem uma aula para qual me inscrevi e à qual eu nunca fui. — No sonho, ele se esqueceu completamente dessa aula de ciências que odiou no primeiro dia e parou de frequentar. Há um tal projeto grande para ser entregue, e não há chances de ele terminar antes da graduação.

— Eu penso que é assim que me sinto quando tenho algum projeto adiante — disse ele. — Penso que eu não vou terminar, ou que perdi algo e agora isso vai se voltar contra mim e todos verão.

Jeff costumava ter esse sonho durante temporadas intensas quando ele se comprometia com muitas coisas. Visto que estava deixando suas emoções de lado, a ansiedade, o medo e o estresse se manifestavam em seus sonhos. Juntamente com outros momentos de consciencialização, Jeff sentiu a necessidade de fazer mudanças em sua história. Ele conseguiu sucesso para além do que planejara ou mesmo imaginara quando, de repente, soube que queria mais de sua vida. Ele queria saber quem ele era além das conquistas. Queria se engajar por completo com sua família. Queria amigos em quem pudesse confiar e com quem pudesse baixar a guarda.

Jeff está mudando sua velha história ao criar espaço para uma nova.

Reescrever: Crie Sua Nova História

Estou convencido de que é especialmente difícil para o Três mudar sua velha história na mentalidade cultural dos Estados Unidos, onde tudo conspira para mantê-los dando voltas na piscina olímpica da aprovação

Reescrevendo a Sua História

pública. Três devem fazer o trabalho interno de perceber que vale a pena a dificuldade de flutuar para a paz do mar aberto sob condições de calmaria, pois é ali que descobrirão seu verdadeiro eu. A solidão para cultivar sua alma. O anseio por conexões mais profundas com aqueles que amam. O poder de expressar suas emoções de formas construtivas e criativas.

O que impede tal transformação é o engano, que é a Paixão do Três. Engano não significa que os Três estão pelo mundo contando mentiras o tempo todo, apesar de eles poderem embelezar suas conquistas (ou, como Lisa diz, "amplificar" a si mesmos para uma plateia). Em lugar disso, como os professores de Eneagrama Riso e Hudson explicam, a marca de engano do Três é "a tendência de se apresentar de maneira que não reflita seu eu autêntico".[4] Os Três colocam tanta energia em moldar uma imagem para os outros, que eles mesmos compram a mentira, acreditando que aquela imagem é seu verdadeiro eu.

O caminho para a mudança e uma história melhor para o Três, então é a autenticidade. Isso é mais fácil dito do que feito para pessoas que passam uma vida criando uma persona tão convincente a ponto de a confundirem com sua personalidade. A autenticidade surge quando os Três se conectam com o centro de seu coração. Eles não têm certeza de seus sentimentos, mas, na verdade, medo deles; eles passaram muitos anos focando inconscientemente em fazer mais para não ter que explorar esses mesmos sentimentos. Portanto, chegar à autenticidade envolve um grande mergulho em seus próprios sentimentos, e isso significa pausar para tirar a própria temperatura regularmente.

Enquanto é importante para todos os tipos compromissar-se com algum tipo de prática espiritual, tal como a reflexão e a meditação, é essencial para os Três que desejam a mudança. Condicionados a permanecerem grudados à atividade e à produtividade, *agere contra* para os Três significa desacelerar. Eles se beneficiam muito de hábitos como a meditação, que requer entrar em contato com um mundo interior, sentimentos, observações e impressões perdidas por uma história sem espaço para a alegria pura e o entretenimento prazeroso. A meditação nos

A História do Três

ensina a como nos apresentarmos no mundo. Não a fazer algo, mas a simplesmente ser.

A ideia de parar suas atividades e explorar sua vida interior soará como uma perda de tempo para muitos Três. Para quê fazer toda essa autorreflexão quando poderia estar fazendo algo? (Na verdade, Lisa compartilhou um exemplo engraçado disso: como parte de seu progresso até a autoaceitação, ela foi para um retiro silencioso de trinta dias. Perfeito! Mas ela também "achou uma maneira de escapar", escrevendo um manuscrito de 92 mil palavras para que tivesse algo para fazer em sua pausa de um mês. Ops!).

Um modo pelo qual eles podem começar a reescrever suas histórias é pensar sobre as consequências inevitáveis de *não* mudar. Por exemplo, alguns Três não conseguem nem imaginar se aposentar do trabalho, pois não têm o conceito de vida sem os constantes afagos no ego que o trabalho provoca — o próximo objetivo a ser alcançado, um projeto para tirar de letra ou um aumento para colocar no banco. Esses Três negligenciaram sua vida interior por tanto tempo que temem não ser nada sem suas carreiras. Eles aceitaram a falsa história de que só valem tanto quanto seu último sucesso. Como Gail Saltz aponta em *Becoming Real* [sem edição em português], é uma vida depressivamente condicional, que "lhe impossibilita de se sentir adequado ou suficiente quando não está performando, destacando ou enaltecendo suas próprias virtudes".[5] Três que querem mudar suas histórias devem se perguntar *agora* se querem passar seus anos dourados sentindo-se como menos que humanos, pois não estão mais trabalhando (ou pior, estando doentes e vulneráveis). Ter uma vida completa *então* depende de mudar a história *agora* para um reconhecimento mais verdadeiro de seu valor inerente para além de suas conquistas.

Isso também depende de permitir a si mesmo sentir emoções genuínas, incluindo as sombrias e assustadoras, que querem empurrar de lado enquanto estão ocupados em busca de prêmios. "Eu não fiquei de luto até 2018", disse o artista de hip-hop Lecrae no *Typology*. Na época, ele estava no final de seus 30 anos e escalou alto nas conquistas, batendo

105

Reescrevendo a Sua História

recordes de vendas e se tornando a primeira pessoa a vencer o Grammy Awards na categoria gospel com um álbum de hip-hop. Porém, por trás das cenas, Lecrae passava por problemas, lidando com emoções suprimidas havia muito tempo sobre o trauma pelo qual passou na infância.

— Eu finalmente tive permissão de ficar bravo, chateado e triste sobre algumas coisas que me aconteceram. — Incluindo um pai ausente e um histórico de abuso de substâncias. Ele disse que chorou naquele ano mais do que em toda sua vida. Ele parou de beber e de ingerir tranquilizantes, então não tinha um escudo entre si e ter que lidar com as emoções difíceis. — Eu estava tipo, "Nossa, eu não gosto disso, não gosto nada disso".

Porém, ele percebeu que lidar com o luto era inescapável se quisesse genuinamente mudar; não havia atalho.

— Por mais que eu odiasse o luto, odiasse passar por tudo aquilo, não haveria chances de ser quem sou agora — disse-me Lecrae.

Contudo, ele não fez isso sozinho. Ele sabia que estava lidando com uma depressão e ansiedade profundas e precisava de alguma ajuda profissional. Como muitos outros Três, ele encontrou alívio ao trabalhar com um terapeuta que o ajudou a ver seu valor inerente. Mas não foi fácil: em suas duas primeiras tentativas, ele se encontrou tentando performar para os terapeutas, moldando sua mensagem e se perguntando o que eles pensariam dele se lhes contasse a *real* verdade sobre sua vida. Isso é típico de um Três. É especialmente tentador e fácil para eles escorregar de volta para o pacote e se comercializar para o consumo em massa, mesmo na terapia. Eles precisam de alguém que pode ver através das manchetes e anúncios de pop-up, que reconheça quando estão começando a cair de volta em sua velha e falsa persona e pode alertá-los disso.

Por fim, ele encontrou a terapeuta certa, que tinha compaixão, mas que também não estava disposta a aceitar nada menos que autenticidade. Ela lhe disse que só ouvir tudo aquilo que aconteceu com ele era doloroso.

— Era o que eu precisava ouvir antes de continuar — contou ele. A compaixão dela deu a ele o sinal para divulgar sua história completa.

A História do Três

— Se você pensou que *aquilo* foi algo, deixe-me dizer o que realmente aconteceu! — A partir daí, a terapia decolou.

Ideias para a Nova História do Três

Se você é um Três que quer criar uma nova história, pense em formas de desafiar sua definição de sucesso verdadeiro. Deixe de lado a definição colecionadora de troféus de sua velha história, você pode criar um novo tipo de sucesso baseado em seus próprios sentimentos, identidade, desejos e valores — não os que você absorveu de sua família e do condicionamento cultural.

Para você, isso envolverá criar um diário, e alguma parte disso pode ser dolorosa. Faça uma lista dos custos de manter seus velhos roteiros. Quais relacionamentos estão sofrendo por conta de seu comprometimento com trabalhar, fazer e conquistar? Isso está pesando em sua saúde? No seu parceiro? Como você pode focar em se conectar com pessoas importantes de sua vida ao deixá-las ver um pouco de quem você realmente é?

Enquanto escreve, reflita sobre qual será sua identidade se todos seus prêmios, conquistas, status de acessórios e descrição de posição forem removidos. Escolha algum tipo de lembrete — uma nota, uma imagem, um objeto sagrado — que você vê diariamente para lembrá-lo de seu verdadeiro eu.

Enquanto confronta sua própria tendência a trabalhar demais, crie e mantenha limites entre casa e trabalho. Faça intervalos ao longo do dia — para comer, hidratar-se, meditar e dar uma respirada. Confira a si mesmo ao longo do dia e pergunte: "Como eu me sinto agora?" Deixe o máximo de tempo para a hora de parar quanto for possível. Não responda e-mails de trabalho depois que chegar em casa. Separe quem você é do que você faz.

Também, pegue seu celular ou um calendário e escolha uma data para sair de férias nos próximos seis meses, sabendo de antemão que não levará trabalho consigo. Planeje se desligar e ficar offline não apenas por minutos, mas por horas, até mesmo dias (tudo bem, você pode ter que trabalhar nisso). Você está aprendendo a fazer amizade consigo mesmo, ficando presente no momento sem conquistar nada. Gastando tempo e amando cada minuto disso.

Você pode estar sempre inclinado a ganhar admiração e aprovação do mundo, mas nunca aproveitará o contentamento e a satisfação da alma até que se comprometa a cuidar de seu verdadeiro eu.

Enquanto todos nós precisamos ouvir que somos amados por quem somos e não pelo que fazemos, os Três devem chegar a um acordo com isso diariamente. Lembre-se: você é um reflexo de um filho ou filha do Divino. Três, vocês sabem que estão fazendo um bom trabalho quando acreditam que são amados não por fazerem algo, mas simplesmente por serem.

E essa é uma história muito melhor.

A História do Quatro
Balanço para o Romântico

"A pobreza mais terrível é a solidão e o sentimento de não ser amado."
— Madre Teresa

Em meu podcast semanal, *Typology*, enquanto falo com indivíduos, casais ou em painéis sobre como é se colocar na pele do seu tipo no Eneagrama, nunca sei o que vai acontecer. A maioria dos convidados satisfaz meu apetite quase insaciável por entender o que faz com que as pessoas despertem, mas periodicamente os convidados me surpreendem com a ternura de sua autorrevelação, e a conversa se torna excepcionalmente pessoal e íntima.

Foi o que aconteceu quando entrevistei o músico Ryan Stevenson.[1] Ele ganhou um Dove Award, emplacou três singles número um, foi nomeado para o Grammy e para o Billboard Music Award e se apresentou em arenas lotadas em todo o mundo. Como um ruivo de mais de 1,90m, ele tem uma presença imponente. Ele é casado e pai de dois garotos. Caso

Reescrevendo a Sua História

o encontrasse, você pensaria que seu interior é tão confiante quanto seu exterior faz parecer.

Você estaria errado.

— Para ser honesto, me sinto muito mal sucedido — admitiu ele. Comparado a outros músicos em seu gênero, ele sente que não conquistou o suficiente, que não está à altura. Quando se aproximava de seu aniversário de número quarenta, ele apresentou dores no peito e sentia--se ansioso o tempo todo.

— Passei muito tempo querendo alcançar o sucesso, sendo ambicioso, querendo provar meu valor e simplesmente mostrar às pessoas que eu mereço sua admiração — explicou ele. Porém, enquanto era grato pelo sucesso que tinha, ele ainda estava se sentindo fragmentado e inadequado. Em cada nova situação, condenava a si mesmo com sua resposta inicial sendo: "Eu não pertenço a este lugar." Ryan se sentia não amado e sozinho.

Ryan não tinha certeza sobre seu tipo no Eneagrama: provavelmente seria o Performático (Três) ou o Romântico (Quatro). Para nos ajudar a desvendar seu tipo, pedi que ele me contasse sobre sua infância.

Ryan limpou a garganta.

— Eu cresci em uma pequenina comunidade de fazendeiros no sul do Oregon, no vale, onde havia uma grande divisão entre "os que tinham" e "os que não tinham". Ou você era um fazendeiro bem-sucedido, um rico dono de terras, ou um empregado de baixa renda que trabalhava para eles. Infelizmente, minha família era, definitivamente, um dos que "não tinha". Meu pai mal conseguia o suficiente para sobreviver, trabalhando em uma grande fazenda de laticínios. Vivíamos em uma casa móvel de quase 90 metros quadrados; foi o que meus pais conseguiam pagar na época.

Isso foi doloroso, pois seus amigos mais próximos eram ricos, e ele era bem consciente sobre sua família não ter dinheiro.

— Sempre estive na posição de me sentir inferior. Sentia que nunca poderia estar à altura dos seus Air Jordans, seus Nikes e suas coisas com

A História do Quatro

nomes de marcas. Eu era genérico, uma criança que vivia com os produtos de segunda mão da Goodwill.

Para tornar as coisas piores, Ryan não cresceu ou atingiu a puberdade até que estivesse com quase 19 anos. Ele ficou no corpo de um garoto do quinto ou sexto ano o tempo todo, até o último ano do ensino médio. Ele pode ter bem mais de um metro e oitenta agora, mas quando adolescente, sofria bullying e era zombado por ser muito pequeno.

— Eu internalizei toda aquela vergonha e me sentia inadequado, como um excluído — disse ele. — Aquela criança permaneceu comigo até esse momento. É triste, mas a voz daquele garotinho ainda está na minha cabeça, me impulsionando a provar para todas aquelas pessoas que elas estavam erradas e fazê-las pagar por como me machucaram.

Enquanto Ryan falava, continuei pensando sobre a famosa observação do autor William Faulkner: "O passado nunca morre. Não é nem mesmo passado."

— Ryan, se eu te pedisse para escrever um livro de memórias que capturasse a essência de quem você é, como você o intitularia? — perguntei. Após pensar um pouco, chegamos a um título juntos: *Garoto de Segunda Mão*. Eu me ajeitei e me inclinei para o microfone. — Agora, pense sobre sua vida, a história do garoto de segunda mão, que é insuficiente, que precisa alcançar o sucesso de todos. Ela é verdadeira? A história que você vem contando a si mesmo e aos outros sobre quem você é, ela é *verdadeira*?

— Eu não sei — respondeu Ryan.

— Essa é uma ótima resposta — eu disse, antes de estimulá-lo a prosseguir. — A história do *Garoto de Segunda Mão* ainda é uma descrição fiel da sua vida hoje?

— É parte de quem eu sou e me ajudou a sobreviver — rebateu Ryan.

— Mas você tem muita vergonha e autocondenação sobre coisas que aconteceram, sua percepção de quem você é — salientei. — Como isso te ajudou a sobreviver? Parece estar te matando.

Ryan pausou.

Reescrevendo a Sua História

— É uma espada de dois gumes. Ela me mata e me empurra para a frente ao mesmo tempo — disse ele.

— Ryan, Deus quer que você viva uma história que está te empurrando e te matando? — questionei com ternura. — Ele quer que você meramente sobreviva, ou que viva uma vida de plenitude?

— Eu sei que Ele quer que eu viva a vida ao máximo, mas algo está no caminho e eu não sei como passar por isso — replicou Ryan.

Pode parecer que todos nós poderíamos ter nos beneficiado de uma bolsa de soro de Prozac para aguentar o episódio de uma hora de duração, mas também rolaram muitas piadas e risadas salpicando a conversa. Foi sincero do início ao fim.

Ao final do episódio, Ryan e eu concordamos que ele era, provavelmente, um Eneagrama tipo Quatro com uma forte asa Três — nenhuma surpresa aqui. Como muitos Quatros, ele se sentia insuficiente, como se sozinho não tivesse a habilidade de pertencer ao mundo. Eu mesmo, como um Quatro, reconheci os contornos de sua velha história. A boa notícia para Ryan é que a chave para a transformação é adotar uma história melhor. *Garoto de Segunda Mão* foi só o primeiro rascunho.

Ver: A História de Origem do Quatro

A história que os Quatros contam a si mesmos na infância me lembra *Pinóquio*. Lembre-se de como o carpinteiro Gepeto anseia por um filho e cria um substituto, que nomeia "Olhos de Pinho", ou Pinóquio. Pouco depois de sua criação, Pinóquio começa a sentir que algo está faltando e pergunta para a Fada Azul:

— Eu sou um garoto de verdade?

— Não — responde ela. — Você ainda tem que provar ser merecedor.

Essa conversa leva Pinóquio a uma busca para reparar seu defeito fatal para encontrar a parte perdida em sua composição essencial, mas ele rapidamente entra em confusão. Apesar de a história terminar de modo belo, aposto que Pinóquio era um tipo Quatro.

A História do Quatro

Sabe, os Quatros crescem procurando pelo mesmo amor, segurança e afirmação que toda criança procura inerentemente. Porém, claro, por seus pais serem tão falhos e humanos quanto qualquer outro, pequenos Quatros não receberam o que precisavam e começaram a coletar dados para criar sua narrativa pessoal única. Eles se sentiam como crianças perdidas, invisíveis e mal compreendidas, cortadas de um pedaço diferente de pano, em vez do tecido completo de sua família. Cedo na vida, pequenos Quatros não sentiam que se encaixavam e, portanto, se perguntavam sobre o porquê de serem tão deslocados. Como podem ser tão diferentes, de tantas maneiras, de seus pais e irmãos? Alguns até mesmo fantasiam que eram órfãos, com pais biológicos similares a eles que foram forçados a colocá-los para adoção.

Constantemente cientes de seu status como "outro", jovens Quatros usam sua imaginação poderosa e manifestam seus sentimentos grandes demais ao criar poemas, imagens, desenhos, músicas e outras formas de expressão. Porém, o desejo pelos tão idealizados pais amorosos que nunca tiveram permanece, e então, quando adultos, Quatros buscam por pessoas ideais que podem se tornar mentores, amigos e almas gêmeas para eles. Eles comumente idealizam pessoas com quem encontram uma conexão e irão fervorosamente segui-las até que a outra pessoa os machuque, desaponte ou não corresponda às suas altas expectativas. Uma vez que suas esperanças são quebradas pelos falhos pés de barro dos outros, os Quatros rapidamente os deixam de lado e continuam sua busca pela pessoa ideal.

Essa busca para encontrar amor nasce de um vago sentimento de que os Quatros foram abandonados em algum momento na infância e isso foi culpa deles. Quatros usam um método de espere-para-ver e esconde--esconde com as pessoas, particularmente com novos conhecidos. Sua relação com as pessoas é turbulenta e, às vezes, instável, com o Quatro enviando mensagens ambíguas ("Eu te amo! Vá embora."). Em um minuto eles são transparentes, vulneráveis e buscam conexões emocionais bem profundas; no outro, estão desligados e indiferentes. Ironicamente, claro (pois os Quatros amam ironia), esse *modus operandi* de empurrar e puxar é mal sucedido em estabelecer o tipo de relacionamento seguro e comprometido que eles desejam. As pessoas se cansam dos padrões dos Quatro, que logo se tornam previsíveis e tediosos.

Quando Quatros entram na adolescência, eles pulam de panelinha em panelinha e mudam regularmente de interesses, tentando personas diferentes em busca de um senso mais claro de identidade, assim como amor e o senso de pertencimento que buscam dos outros. Acostumados a se sentirem invisíveis e mal compreendidos pelo mundo, eles projetam uma imagem de serem especiais e únicos para serem vistos e aceitos. Alguns Quatros têm um senso instável de identidade e podem ter diferentes grupos de amigos para cada identidade. No ensino médio, eu tinha amigos em vários grupos sociais, clube de teatro, intelectuais elitistas, artistas, cantores/compositores, poetas e amantes literários, nerds amantes de história e governo, todos eles. Eu era querido (apesar de não acreditar), mas desconhecido. Passei a aceitar me sentir diferente e não pertencente a lugar nenhum e abraçava o isolamento de autorrealizável que acompanha uma crença tão falsa.

Contei a mim mesmo a história de que eu era um tipo estranho, só percebendo o quanto minha dor era similar à de todos os outros quando encontrei meus irmãos na comunidade de recuperação de viciados.

Apesar de não saber na época, minha vida foi governada por uma longa lista de crenças tidas como certas, porém erradas. Permaneci preso em minha velha história até que as reconheci e, conscientemente, as rejeitei. Aqui estão algumas convicções que repetidamente me faziam tropeçar:

- É, provavelmente, minha culpa quando um relacionamento não dá certo.
- Eu sinto as coisas mais profundamente que os outros.
- A vida sempre será vagamente decepcionante.
- Eu sou magicamente especial.
- Por eu ser insuficiente, serei abandonado.
- Me será negado o amor que procuro.

A História do Quatro

- Preciso de alguém para me completar.
- Nunca serei compreendido.
- Não tenho a chave mágica para a felicidade com a qual as outras pessoas nascem.
- Não posso ser comum.

Essas crenças são fragmentadas. Em nenhum lugar na história de Deus é dito que você é um desajustado. Que lhe falta algo que todos têm. Que você é defeituoso e não merece amor. Que você sempre será abandonado. Que você sempre será mal compreendido.

Essa velha história tem que acabar. É nosso direito de nascimento viver uma narrativa melhor.

Possuir: A Força e a Sombra do Quatro

Como um Quatro com superpoderes de imaginação, talento musical, habilidade literária e humor irônico e cínico, memorizei minha falsa história antes de compor minha primeira música ou escrever meu primeiro livro.

Desajustados podem sempre encontrar outros desajustados. Sentindo suas próprias dores esmagadoras com o peso do mundo empurrando seus pés sobre eles, alguns Quatros descobrem que a maneira mais rápida de alterar seu humor é aliviar o peso no abuso de substâncias. (Se não acredita em mim, olhe a lista de Quatros que tiveram a vida mudada tragicamente: Kurt Cobain, Janis Joplin, Sylvia Plath, Amy Winehouse, Jackson Pollock, Judy Garland. Não faltam Quatros que se implodiram.)

As fraquezas dos Quatro não são difíceis de ser identificadas. Eles são mal-humorados e não presumem que você saiba o que eles estão sentindo ou o que farão em seguida. Geralmente, eles se impedem de agir ao sentir cada emoção no volume máximo. Desesperadamente, eles querem ser entendidos, mas, quando o *são*, se preocupam com a possibilidade de apenas serem como todos os outros, em vez de únicos e especiais.

O senso de especialidade do Quatro também pode ser uma faca de dois gumes, que ele usa para se cortar das duas formas. Por um lado,

Reescrevendo a Sua História

Quatros têm tantas ideias criativas e inspiraram começos de romances, musicais, esculturas, pinturas, projetos, invenções e inovações. Ainda assim, outra ironia é que Quatros são especialmente depressivos e irritáveis quando não estão criando, mas se nunca terminarem algo que começaram, eles apenas perpetuam sua frustração e suas mudanças de humor.

A habilidade dos Quatros de sentir tão profundamente, de registrar as emoções alheias e compreender a profundidade da dor dos outros pode ser um grande recurso para redimir o sofrimento da humanidade e transformá-lo em arte. Porém, essa habilidade de esponja emocional vem sob um grande custo. Como sensitivos sobrenaturais, Quatros sentem a atmosfera de cada multidão, cada encontro, cada conversa, mesmo entre estranhos — e isso geralmente é demais, ao menos que aprendam a filtrar e se proteger.

Quando a compositora Tori Kelly veio ao *Typology*, ela descreveu que se sentia pressionada a se simpatizar ainda *mais* com as pessoas.[2]

— Se um amigo estava sofrendo e passando por algo muito difícil, eu me sentia culpada por não ter a coisa certa a dizer — explicou ela. — Eu era muito dura comigo mesma, pensando coisas como: "Sou boa apenas para escrever músicas. Nunca sei o que dizer. Apenas coloco tudo na minha música." Quando se trata de falar e interagir, eu sou a pior.

Por meio do Eneagrama, ela descobriu que "às vezes as pessoas só querem que você tenha empatia com elas, e não que você simplesmente tenha uma solução para tudo", e isso ela podia fazer. Sua simples presença poderia ser o suficiente. Esse é um conhecimento inebriante para um tipo que sente que há algo insuficiente ou que lhe falta algo em sua composição essencial.

Quando Quatros estão desapontados, o que é bastante comum, pois eles são propensos a ver como as coisas seriam, ou idealmente deveriam ser, podem espiralar para dentro de humores sombrios e melancolia. Seus sentimentos criam cortinas, os prevenindo de ver além daquele momento e acima de sua dor imobilizante. O mundo sai de seu eixo, e eles não sabem como podem prosseguir. O que começou como um pequeno

A História do Quatro

desentendimento com um amigo evolui para uma história de abandono em grande escala.

E às vezes não são pequenas irritações, mas completas angústias existenciais que podem levá-los ao limite. Quatros não fogem do grande questionamento sobre Deus, o sentido da vida ou o que acontece após a morte. Eles são inabaláveis em seu engajamento honesto com as coisas pesadas. Um Quatro que conheço, Russel Moore (mais conhecido como ex-líder da denominação Batista do Sul), era suicida quando tinha apenas 15 anos de idade, por conta de seus profundos questionamentos com a autenticidade do Cristianismo gospel.[3]

— Eu cresci na igreja, pertencia à igreja, amava a igreja. Eu amava tudo sobre ela. Porém, eu estava nesse cenário de Cinturão Bíblico, onde presenciava muito racismo e violência vindos particularmente de cristãos, sob um nome cristão. Era como se a mensagem de Jesus tivesse sido sequestrada ou estava apenas sendo usada como adereço para agendas culturais e políticas.

Isso o deixou desesperado.

— Se eram apenas caminhos para um propósito, então isso significava que Jesus não estava vivo. E se Jesus não está realmente lá, então tudo que eu pensei ter experimentado era falso, o que significa que o universo é realmente escuro, como um lugar socialmente Darwiniano — pensou ele. Sua fé e, como ele diz, sua vida foram salvos pelos escritos de C. S. Lewis. — Havia algo sobre a forma como que ele escrevia que eu pude ver que ele não estava tentando me vender nada e que havia algo autêntico ali. — Foi um momento crucial na vida e na fé de Russell.

O comentário de Russell sobre autenticidade traz à tona algo mais sobre os Quatros: eles podem farejar qualquer coisa falsa com a tenacidade de um cão de caça. Eles anseiam por interações genuínas e sabem instantaneamente quando os outros estão meramente dando um espetáculo ou promovendo suas próprias agendas. Eles geralmente encontram em músicas, arte e poesia a autenticidade que procuram. A esposa de Russell brinca que qualquer um que queira entendê-lo deveria ouvir as músicas de Jimmy Buffett. Não o divertido, caribenho, beberrão de margaritas

Jimmy Buffett; algo mais parecido com o cara que escreveu "palavras me fazem chorar" na música "Death of an Unpopular Poet."

Despertar: Avaliando o Custo

Quatros temem que seja tarde demais para mudar, tendo eles 9 ou 89 anos de idade. Mudar sua história significa reconhecer que eles ainda têm escolhas que podem redirecionar sua velha história. Eles percebem que ser autêntico é algo alcançado quando param de tentar provar o quão diferente são, não importa por quanto tempo tenham se recusado a ver a verdade.

A boa notícia é que nunca é tarde. E vale totalmente a pena. Isso exige despertar para todos os roteiros da velha história que governou seu pensamento. Refiro-me a falas assim:

- Meus sentimentos são avassaladores porque a vida é difícil.
- O passado está sempre comigo, e eu nunca poderei mudar.
- Todos conseguem passar pela vida sem a angústia existencial que eu sinto.
- Ninguém me entende ou entende o quanto eu sofro.
- A não ser que seja especial, eu sou invisível.

Em contraste com essas afirmações, os Quatros que estão vivendo uma nova história usam sua sensibilidade para alcançar as pessoas e as ajudam com suas forças. Eles reinventam a si mesmos à medida que as circunstâncias avançam e recuam, indo junto com as pancadas, em vez de absorvê-las. Esses Quatros experimentam uma segurança e estabilidade que uma vez os escapou, permanecendo de mãos abertas e mantendo a perspectiva. Eles aceitam que a perda faz parte da vida e que isso acontece com todos nós. Eles não levam os hematomas da vida para o lado pessoal, e, em vez disso, procuram por sinais de esperança e vertentes de beleza em todos que encontram.

Quatros com uma nova história podem desfrutar do poder de suas emoções sem se afogar nelas. Eles agem mais do que se imaginam agindo. Deixam de ser um estranho quando surgem oportunidades de pertencer e se conectar. Praticam disciplina e hábitos que dão à sua vida estrutura e abrigo para as emoções, ideias e inspirações que os inundam diariamente. Quatros refletem a beleza do Divino e sabem que ninguém deveria se contentar com menos do que ter a consciência de que o mesmo é verdade para eles.

Quatros inábeis têm uma relação estranha com o passado: por um lado, eles tendem a se remoer nele, repetidamente mexendo em feridas de arrependimentos. Eles pensam no passado e ruminam sobre sua vida e o que enxergam como oportunidades perdidas — o grande intervalo de atuação que nunca aconteceu, a alma gêmea que escapou. Seu passado está lotado de tristeza e sentimentos de abandono. Por outro lado, eles têm um estranho senso de que tudo de bom que aconteceria no universo já aconteceu e está tudo no passado. Como minha esposa diz: "Ian, você é a única pessoa que eu conheço que consegue ver o túnel no fim da luz!" Remoendo-se em arrependimentos e nostalgia melancólica, os Quatros não veem o copo meio vazio ou meio cheio. Em vez disso, pensamos lá atrás, na época em que o copo era feito no velho mundo e moldado à mão.

Quatros com novas histórias fazem um esforço para viver no aqui e agora. Em vez de desejarem um parceiro romântico ideal, eles veem o que é bom no relacionamento em que estão. Em vez de imaginarem que seu verdadeiro chamado na vida era ser um músico profissional e essa oportunidade foi perdida, eles continuam praticando seus instrumentos e escrevendo suas músicas, mesmo que isso não se torne uma carreira. A habilidade de permanecer conscientemente presente é a marca de um Quatro maduro em uma nova história.

Reescrever: Crie Sua Nova História

Quatros que estão escrevendo uma nova história devem confrontar seu monstro de olhos verdes, a Paixão do seu tipo: a inveja. Isso não é bem a mesma coisa que a cobiça. Como já tentei explicar, a inveja tem mais a ver com o desejo por *características* que as outras pessoas têm, e a

Reescrevendo a Sua História

cobiça tem mais a ver com o desejo por *coisas*. Quatros acreditam que eles, por si só, não têm as características que todos parecem ter, alguma chave elusiva para o segredo da felicidade.

Tsh Oxenreider, uma autora e podcaster, uma vez me disse que, quando aprendeu o quão central a inveja é para o modo de ser dos Quatros, ela foi capaz de confirmar que ela mesma era uma Quatro.[4] Ela só presumia que todos eram assim, que a inveja fosse uma maneira de viver para todos.

Não é. Apesar de todos termos momentos de inveja, não importa qual o tipo no Eneagrama, foram os Quatros que a aperfeiçoaram como uma forma de arte, uma maneira de viver. Tsh descobriu uma excelente forma de se ajudar a conter a inveja que pode surgir: ela tem uma regra de "criar antes de consumir". Pela manhã, antes mesmo de conferir as redes sociais (um fator de inveja, se já houvesse algum}, ela cria alguma coisa e tenta "apenas ser mais saudável ao ser eu mesma". Mais tarde no dia, depois de tirar aquele tempo para criar, ela está melhor mentalmente para olhar a vida de outras pessoas no Instagram, que são embelezadas para fazer com que pareçam viver em um mundo perfeito.

Quatros que estão reescrevendo sua história podem encontrar forças ao ir para o lado positivo do Um, que é o tipo do qual eles se aproximam quando estão saudáveis e seguros. Para mim, abraçar as melhores partes do tipo Um significa que, em vez de regredir para um lugar de devaneio e nostalgia distorcida, onde não consigo fazer nada, pois minhas emoções estão sugando cada pedacinho da minha capacidade mental, eu digo a mim mesmo para voltar para o presente. Fazer algo e, de fato, terminar.

A compositora vencedora do Grammy Awards Ashley Cleveland, também uma Quatro, me disse que ressoa com o pensamento de permanecer no presente.[5] Quando ela entra em um lugar sombrio — o que acontece às vezes, como um viciado em recuperação —, é confortada pelo fato de que o Quatro e o Um compartilham uma linha no Eneagrama e ela pode aproveitar o desejo do Um por ordem.

A História do Quatro

— É divertido — diz ela. — Não quero ser uma pessoa comum, mas não tenho problemas em fazer coisas comuns. Adoro organização e gosto de apenas ter um dia estruturado.

Ela acorda cedo, tira um tempo para meditar e, geralmente, sai para fazer uma corrida. Ela se voluntaria na comunidade e se aventura na natureza.

— Essas coisas, por si só, são apenas mundanas — reconhece Ashley —, mas elas te colocam na estrada.

Tudo que ela puder fazer para sair de suas emoções e parar de se comparar com os outros é uma vitória.

Quatros têm inveja do contentamento das outras pessoas e da aparente facilidade com que elas se movem no mundo. Eles tendem a presumir que as pessoas simplesmente não sofreram tanto quanto eles. Os outros parecem ter uma vida mais fácil, e isso pode, por vezes, causar em Quatros a sensação de superioridade, pois, se não forem cuidadosos, podem se tornar viciados no seu próprio sofrimento. O que se torna o centro de sua identidade é uma história trágica do passado, da qual eles não sabem como se separar — e, mesmo se pudessem, quem seriam sem essa história trágica? Eles seriam *comuns*, o que, claro, aponta para a motivação escondida do Quatro, que é a necessidade compulsiva de ser visto.[6]

Quatros em uma nova história entendem a verdade sobre si mesmos: eles já estão prontos o suficiente. Não há conexão faltando, não há uma peça ausente no quebra-cabeça. Eles pertencem ao mundo e podem se sentir em casa nele.

Ideias para a Nova História do Quatro

Na manhã de um domingo de Páscoa, enquanto estava celebrando a Eucaristia em uma paróquia Episcopal em Nashville, eu olhei para a congregação e percebi um pai e seu filho, de 10 anos de idade, sentados no corredor, no quarto banco. Eles estavam se vestindo de forma combinada, blazer listrado com as cores azul-claro e branco, com camisas

Reescrevendo a Sua História

Oxford em amarelo-claro, perfeitamente acentuadas pela gravata borboleta de bolinhas em cetim azul-marinho.

Agora, você deve ver isso e pensar: "Ah, olhe aquele pai com o filho vestindo roupas combinando para a Páscoa — que encantador! Eles devem ser uma família tão incrível e próxima! Aposto que depois eles vão para a casa da avó, para o almoço e a caça aos ovos de Páscoa no quintal dela."

Não eu. Quando vi aquilo, um maremoto de tristeza me varreu. Em um instante, fui de surfar a onda prazerosa de celebrar o mais sagrado dos rituais em um lindo dia de primavera para engasgar de inveja. Lá estava meu pai alcoólatra, que nunca me levou a lugar algum, o que dirá à igreja em um domingo de Páscoa, usando ternos combinando, porque ele estava desmaiado em casa. Lá estava minha mãe enclausurada, mas ainda assim inflexível, que nunca pôde nos vestir e nos deixar prontos para sair a tempo para ir à igreja no domingo de Páscoa.

A pior coisa foi que eu me odiava por me sentir assim. O garoto perdido dentro de mim estava tentado a sair correndo porta afora em busca da loja de bebidas mais próxima. Eu fiz uma nota mental de ligar para meu padrinho no programa dos doze passos imediatamente após o sermão. Talvez durante o poslúdio.

Porém, eu também ouvi outra voz. *Você sabe, Ian, essa é apenas uma velha história e você não tem que viver mais nela. Fique feliz por aquele garotinho ter um pai amoroso. Não volte ao passado e compare sua infância com a dele. Você tem o poder e a liberdade de viver em uma nova narrativa.*

Minha velha história de inveja e insuficiência não era uma que eu queria viver mais.

Eu cheguei tão longe, com trabalho duro, a ajuda de Deus e o amor de tantas pessoas!

Orei baixinho, uma oração para abençoar a dupla de pai e filho: *Que vocês tenham amor e alegria hoje.* Retornei ao presente momento, um no qual eu tinha um novo pai, que está sempre presente, e milhares de irmãs e irmãos que, em breve, caminhariam pelo corredor para tomar

A História do Quatro

parte no almoço de Páscoa. Essa é minha nova e melhor história. Ela me conta a verdade de quem eu sou e de quem todos somos mais profundamente do que nossas histórias e experiências de família.

Quando Quatros desenvolvem e vivem seu verdadeiro eu, eles são tão belos, poderosos, amáveis e compreensíveis quanto qualquer outro tipo saudável. Eles percebem que sua dor é o denominador comum da humanidade; ninguém se sente totalmente em casa no mundo. Essa percepção contribui com a equanimidade, a Virtude do Quatro. Há algo relaxante em perceber que eles não foram escolhidos para sofrer e, assim, não precisam invejar a situação dos demais. A equanimidade equilibra a experiência de dor dos Quatros, permitindo que eles experimentem os altos e baixos da vida sem se identificar demasiadamente com um estado emocional passageiro. A palavra em si reflete esse balanço; ela vem da combinação das raízes latinas para "igual" e "alma". Equanimidade reflete uma alma calma, emocionalmente balanceada. Quatros em equanimidade entendem que são tão bons quanto qualquer outro — não há nenhuma parte fundamental faltando — e que eles não precisam mais ter inveja do que as outras pessoas aparentam ter.

Para combater a inveja e chegar à equanimidade, um dos exercícios espirituais cruciais para os Quatros é expressar gratidão todos os dias. Pratique listar bençãos e gratidão, especialmente a cada manhã e noite. *Agere contra* para os Quatros significa não mais ruminar sobre o que está faltando, o que nunca se pode ter, ou o que você desejaria ter agarrado quando teve a chance. Em vez disso, foque diretamente naquilo pelo que você é grato. Comece com uma lente panorâmica e trabalhe até estar bem próximo: estar vivo, uma casa, alimento para comer, café para beber, seu animal de estimação, pessoas que te amam, o trabalho que precisa ser feito hoje, transporte quando necessário, projetos criativos para atualizar.

Perceba que ser autocrítico e julgador é, frequentemente, inveja disfarçada. Em vez de focar o que os outros têm e que você não tem, ou encontrar falhas na situação deles para fazer com que se sinta melhor sobre a sua própria, aceite o que eles têm como deles. Se possível, celebre

Reescrevendo a Sua História

com os outros quando eles atingirem um objetivo, comprarem algo que você admira, ou se alegre com uma recompensa pelos esforços deles. Isso é outro aspecto do *agere contra* para os Quatros: praticar a arte da alegria solidária. Isso significa ficar feliz quando outra pessoa está feliz, porque você sinceramente se alegra com suas boas novas. No Budismo, essa é uma das quatro qualidades mais altas do coração. Pense nisso como o anti-*schadenfreude*.

Faça as coisas criativas que alimentam a sua alma. Perceba quando estiver entediado, mal-humorado, frustrado, melancólico ou desapontado — todos sinais de que você precisa criar algo. Se seu trabalho diário se aproveita de sua criatividade para ganhar seu sustento (como escrever, desenhar ou performar), então encontre outra forma de expressar sua criatividade com algo brincalhão, divertido, bobo, trivial ou irrelevante para outras áreas de sua vida. Ou, se estiver frustrado por não conseguir viver de sua arte, então encontre uma forma de expressar sua frustração criativamente.

Descubra as formas da beleza que melhor nutrem e reabastecem sua alma: sair na natureza, ouvir certo tipo de gêneros musicais e artistas, cozinhar um novo prato do início, navegar online no site de seu museu favorito, planejar sua próxima viagem ou aventura longe de casa, ler certos autores (outra vez), ou o que quer que seja. Mantenha em mente que há muita beleza no comum e mundano.

Meu amigo Andrew Peterson, um cantor e compositor (percebi que há muitos músicos nesse capítulo, porém, eu moro em Nashville), descobriu uma nova forma de colocar os pés no chão — literalmente.[7] Quando se mudou para uma nova casa em um terreno de vários acres, ele começou a prestar atenção à criação de certa forma, querendo saber o nome das árvores do lado de fora de sua porta ou dos pássaros que pousavam no comedouro. Quando estava no meio de um período de depressão, algo que muitos Quatros experimentam, ele começou a construir um muro de pedra na propriedade e a plantar coisas novas no solo. Foi uma experiência curativa ver nova vida brotar do que parecia ser uma desolação invernal e enfeitar seu mingau de aveia matinal com mirtilos tirados

A História do Quatro

de seu próprio arbusto. Se você for um Quatro que quer viver uma nova história, pratique prestar atenção às estações e ritmos naturais da terra. Permita que eles te firmem em uma realidade fora de suas tempestades de humor internas.

Finalmente, esteja atento a gatilhos que o transportam para dificuldades passadas e velhas feridas — sons, cheiros, imagens, lugares, pessoas. Pratique apertar o botão de pausar assim que reconhecer o gatilho e decida se você realmente quer pensar sobre aquela vez que seus pais fizeram algo, que terminou com alguém na faculdade, ou que descobriu que não havia conseguido o emprego.

Você tem uma chance. Pegue sua inventividade e a aplique ao trabalho mais criativo de sua vida: escrever sua nova história.

A História do Cinco
Expansão para o Investigador

"Se você tem conhecimento, deixe os outros acenderem suas velas nele."
— Margaret Fuller

Kenny Benge fala com carinho — e até mesmo um pouco de admiração — sobre o presente que seus pais lhe deram quando criança: um conjunto completo da *The World Book Encyclopedia* [sem edição em português]. Quando criança, ele acordava de manhã e, antes de tomar café ou se preparar para a escola, simplesmente escolhia uma letra do alfabeto daquele volume da enciclopédia e o lia, por diversão.

— É difícil descrever por que isso era tão envolvente, mas era um tipo de experiência agradável — diz Kenny. Como uma criança de uma cidade pequena no Oklahoma, ele queria saber tudo que podia sobre o mundo. Aprender lhe dava alegria, um profundo senso de conexão. Seus pais continuaram a apoiar seu intelecto promissor. Um de seus presentes seguintes foi um conjunto de química, quando ele estava no ensino fun-

Reescrevendo a Sua História

damental, o que forneceu mais aventuras para aprender sobre o mundo.[1] Depois que cansou de brincar com o conjunto de química, ele foi para a biblioteca e pegou emprestado livros sobre experimentos químicos mais avançados. Felizmente, seu pai trabalhava para uma companhia de petróleo e pôde levar para casa aparatos de laboratório descartados, para Kenny testar em seu laboratório de química improvisado na garagem. Kenny passava horas lá, alegremente, enquanto desvendava os segredos da ciência (por sorte, sem explodir a garagem). Quando chegou no ensino médio, ele sabia mais sobre química que o professor.

Caso você não esteja convencido, a partir dessa descrição, de que Kenny é um Cinco no Eneagrama — o Investigador, também chamado de Observador —, ele também colecionava mapas de ferrovias, coletando-os em postos de gasolina, para avançar em sua missão de descobrir mais sobre o mundo. A maioria dos Cincos se enxerga nessa animação inicial de Kenny sobre sua busca intelectual e como ele procurou ter maestria em um impressionante número de áreas.

— Nos verões, eu pegava emprestado de oito a dez livros a cada duas semanas, os lia, e, então, minha mãe me levava para devolvê-los. — Ele leu não somente ciências, mas também histórias esportivas, ficção e fantasia; qualquer coisa na qual conseguisse colocar as mãos.[2]

Socialmente, Kenny não era tão desajeitado quanto muitos jovens Cincos, visto que era bom nos esportes e conseguia se misturar sem muito problema. Porém, ele tinha a tendência de compartimentar seus amigos: havia os que ele conhecia dos esportes ou os parceiros nerds que colecionavam pedras. Ele mantém suas amizades distintas até hoje.

— Tenho amigos que compartilham diferentes partes do que eu gosto, e parece injusto com eles impor mais de mim neles do que eles podem apreciar — explica.

O que acho interessante sobre essa afirmação é que ela parte da presunção de que outras pessoas podem ficar esgotadas se Kenny compartilhar com elas o seu eu por completo, em vez de processá-lo em pequenas doses, como ele tende a fazer. Esse é um clássico pensamento dos Cincos. Tendo em vista que Cincos são, eles mesmos, drenados por

A História do Cinco

interações sociais prolongadas, particularmente do tipo que não surge a partir de um interesse em comum, eles geralmente presumem que as pessoas abordam relacionamentos sociais da mesma forma.

Kenny, um pastor, é um Cinco muito saudável, que torna prioridade compensar sua tendência natural ao distanciamento, ao isolamento e à análise investindo em relacionamentos fundamentais. Ele é totalmente dedicado à sua família e aos poucos amigos próximos bem escolhidos. Conhecimento ainda lhe causa adrenalina, mas ele não o usa como forma de se proteger contra o mundo.

Diferente de Kenny, Cincos inábeis que estão vivendo uma velha história são mais parecidos com alguém passando por uma experiência fora do corpo, ou um professor distraído. Eles prestam atenção, mas pelas bordas, absorvendo a informação que pode ser útil depois. Conhecimento e informação de quase qualquer tipo dá aos Cincos uma linha de defesa contra seu medo. Eles acreditam que o mundo é assustador e exaustivo e procuram impor a ordem ao se recolherem para dentro da própria cabeças e ao dependerem da informação para dar a eles o que a maioria de nós consegue por meio de relacionamentos — ou seja, amor, apoio e comunhão.

Sempre que entrevistava Cincos no *Typology*, eu lembrava ao meu produtor de que provavelmente teríamos que editar muita coisa — não porque os Cincos não são focados ou interessantes em suas respostas. Na verdade, é o oposto. Cincos sabem tanto e têm tantas ideias e pensamentos de uma vez, que começam a baixar informação da grande Nuvem-Cinco em suas cabeças e podem demorar a entrar e encontrar seu caminho através de vários arquivos e subsistemas. Você só tem que ser paciente e não apressá-los. Quando eles estiverem no modo de recuperação e você os apressar por uma resposta, eles lhe olharão com olhar lúcido e dirão: "Como eu posso te responder sem que tenha tempo para pensar?" E eles não estão simplesmente filtrando através de uma gama de arquivos de dados neurológicos, mas também organizando e arranjando-os para oferecerem a melhor, mais pensada e mais concisa resposta. Eles querem que suas respostas sejam indiscutíveis.

129

Cincos geralmente não querem impressionar as pessoas tanto quanto eles estão comprometidos em não parecerem bobos, despreparados ou não inteligentes. Parte de sua reação de medo ao mundo é resultado de falta de informação e experiência. Para a história dos Cincos, conhecimento é poder, literalmente a munição necessária para enfrentar desordem e perturbação. O que explica o porquê de Cincos serem comprometidos com a crença, cedo na vida, de que nunca terão o suficiente do que precisam para sobreviver — não apenas informação suficiente, mas também recursos, tempo, dinheiro, privacidade e autossuficiência o bastante.

Ver: A História de Origem do Cinco

A história que os Cinco começam a contar a si mesmos geralmente é em reação ao que eles perceberam como um mundo intrusivo e exigente. Jovens tipo Cinco são tipicamente sensíveis, quietos e introvertidos; então, quando são forçados a enfrentar o imprevisível, como ser psicologicamente dominados pelos pais (ou abandonado por eles), ou as confusas interações sociais no parquinho, eles se recolhem ao isolamento, um dos mecanismos de defesa dos Cincos. Eles têm os mais altos e densos limites pessoais entre todos os tipos e tendem a se retirar do próprio coração e corpo e vão para dentro da própria cabeça.

O que faz os Cinco se tornarem assim é a história que contam a si mesmos sobre o mundo ser um lugar assustador e no qual eles não têm os recursos para aguentar longos períodos de tempo. Sua reação para o que enxergam como circunstâncias caóticas é se afastar das outras pessoas. É uma resposta ao trauma do abandono, o domínio, ou o seu oposto, a negligência.

Quando crianças, muitos Cincos parecem maduros para além de sua idade, quietos, imaginativos e independentes. Cincos se sentem em perigo de serem dominados, ou consumidos por outras pessoas, e logo criam limites próprios, efetivamente se afastando de suas emoções temerosas e criando um espaço mental seguro para onde se recolhem. Desde jovens, eles não gostam de depender muito dos outros, então estão sempre ansiando aprender informações novas, minimizar suas necessidades emo-

A História do Cinco

cionais e materiais e praticar habilidades que certificam sua autossuficiência. Eles querem encontrar respostas por si só e começam a construir uma base de conhecimento.

Apesar de sua curiosidade, iniciativa própria e independência, Cincos não são necessariamente bons alunos na escola. Enquanto seus hábitos estudiosos os atendem bem no que diz respeito à performance, escolas criam todo um mundo novo de incertezas e situações desconfortáveis. Interações são geralmente estranhas e tensas, assim, muitos jovens Cincos acabam por ser solitários, o que, claro, só reforça sua condição de panelinhas sociais se formando ao seu redor. Cincos frequentemente ficam confusos com as interações emocionais subjetivas de seus colegas de classe e a poderosa dificuldade de ser legal e bem quisto.

Quando chegam ao ensino fundamental, eles podem até estudar e analisar estilos relacionais e níveis sociais com esperanças de desvendar o código. Quando minha amiga Lori Chaffer esteve no *Typology* como parte de um painel sobre os Cincos, me lembro de ficar chocado com como ela lidou ao entrar na adolescência.

— Na escola secundária, me lembro de pensar que havia um sistema através do qual as pessoas se tornam aceitas e populares, e eu iria desvendar esse sistema. — Ela observou a maneira como as pessoas usavam determinadas roupas, mas não as usavam muitas vezes seguidas. Então, ela seguia um calendário para registrar o que vestiria e, isso é incrível, tinha um *código de cores*. — Eu pensei, se eu fizer isso por, talvez, um mês ou dois, então serei aceita e normal. — Não demorou muito para ela perceber que não estava funcionando.[3]

Tais tentativas falhas comumente reforçam a história que jovens Cincos contam a si mesmos: *O mundo dos relacionamentos é desgastante. Para sobreviver às regras desconhecidas e irreconhecíveis da ordem social, eu devo me afastar e manter minha cabeça baixa.* Alguns Cincos são sociáveis com pessoas que compartilham interesses em comum. Eles podem ter um ou dois amigos, geralmente desajustados como eles, que se interessam pelas mesmas coisas — ler todos os livros de Harry Potter, jogar várias partidas de xadrez ou videogames, ensaiar

131

fantasias para a nova Comic-Con. Essas são as crianças que vemos em *Stranger Things*, crianças socialmente incertas de que o conhecimento e a coragem salvam o mundo. Tudo bem, esses podem ser exageros do esteriótipo de nerds ao mais alto nível, mas muitos Cincos me contam que eles se relacionam com isso.

Cincos crescem isolados por suas circunstâncias ou sua família de origem. Como adultos, entretanto, alguns continuam se isolando, mesmo depois de terem o poder de escolher uma nova história de conexão com os outros. Porém, sua autossuficiência e competência geralmente os carregam longe para dentro da vida adulta antes de eles começarem a bater nas paredes de seu próprio confinamento.

Como é com todos os tipos, Cincos aderem a uma história que não se parece nada com a História de Deus, e suas crenças equivocadas só reforçam sua velha narrativa. As crenças falsas incluem:

- É mais seguro observar do que participar.
- Se eu me abrir para relacionamentos, as pessoas exigirão mais do que eu posso dar.
- Se eu for espontâneo e expressar meus sentimentos, as pessoas desaprovarão e eu me sentirei envergonhado e fora de controle.
- Quanto mais eu souber, mais seguro estarei.
- A autossuficiência é a chave para a felicidade.
- As necessidades e dramas emocionais das pessoas me esmagarão.

Na passagem da velha para a nova história, Cincos têm uma decisão a tomar. Eles rendem o poder para suas velhas crenças, ou as encaram e as rejeitam? Mais importante, eles veem como suas velhas histórias são em oposição à história de Deus? Como o Salmista, eles precisam perguntar a si mesmos: "De onde vem minha ajuda?" Eles podem realmente encontrar segurança em se retirar do mundo e depender de estratégias arcaicas da infância? O nosso texto sagrado nos diz que o mundo é um

A História do Cinco

lugar cheio de escassez, em vez de abundância? Eu acho que não. Como todos nós, os Cincos precisam "consertar suas histórias".

Possuir: A Força e a Sombra do Cinco

Cincos, Seis e Setes formam a tríade da cabeça. Eles compartilham a busca comum por encontrar um lugar de refúgio seguro no mundo. Os tipos nessa tríade criam histórias em resposta à ansiedade que experimentam em um universo incontrolável. Enquanto Seis globalizam sua ansiedade e Setes tentam ignorá-la, Cincos lidam com ela ao agregar e analisar a informação.

Dentre todos os tipos do Eneagrama, os Cincos são os mais emocionalmente afastados. Não significa que eles não sentem as coisas tão consistente e profundamente quanto qualquer outro tipo; é que os Cincos buscam manter o controle ao reconhecer uma emoção e deixá-la ir. Eles não processam completamente suas emoções por dias após um evento.

Kenny descreveu sua frustração ao sentir as coisas após uma ocorrência:

— Eu sempre tenho inveja das pessoas que conseguem estar cientes de seus sentimentos imediatamente. Uma vez, nossa família tinha um cachorro que foi atropelado por um carro e morreu. Eu fiz um pequeno funeral no quintal, e minha esposa e as crianças estavam chorando. Então, eu estava meio que fazendo a minha parte, sabe, de estar lá por eles. Um tempo depois, eu estava fazendo um culto e me senti engasgado, até que percebi o quão triste estava, e simplesmente comecei a chorar. Mas isso aconteceu *duas semanas* depois.[4]

Kenny demonstrou o tipo de presença fria e recolhida necessária para o momento, mas ao custo do próprio luto. A transação é típica dos Cincos. Eles geralmente exercitam as mentes analíticas e cabeças claras ao liderar atividades que exigem mãos firmes ao volante, ou uma perseverança obstinada para criar novas soluções. Condicionados à história que criaram, Cincos reflexivelmente mantêm a calma em momentos de crise, o que os torna ótimos traumatologistas, paramédicos e socorristas. Eles também são observadores incomparáveis, que podem registrar o que veem em expressões artísticas, tais como fotografias, design gráfico e pintura; comumente refletindo o mundo caótico e assimétrico, como eles enxergam, ou impondo a ordem como acreditam que ele precisa.

Cincos sabem como sobreviver — e até mesmo prosperar —, pois trazem ordem à desordem e impõem uma estrutura ao que percebem como caos causado pelos outros. Eles usam sua curiosidade, propensão à pesquisa e reserva de conhecimento para navegar em águas desconhecidas, dispostos a calcular riscos baseados no excesso de diligência compilada. Cientes de sua emoção após o ocorrido, eles tendem a considerar sua calmaria no meio da tempestade ao seu redor como uma força. Enquanto outros se enrolam em suas reações emocionais, Cincos calculam respostas cuidadosas. Eles geralmente são aqueles a quem líderes mais dinâmicos buscam em uma crise, contando com a objetividade, clareza e perspectiva mais ampla do Cincos.

Porém, isso também tem um lado sombrio, pois a vida requer improviso.

Quando a história que os Cincos contam a si mesmos começa a se revelar, eles trabalham horas extras para sustentar sua visão de mundo e os passos necessários para sobreviver nele. A vida adulta geralmente traz mais desafios e adiciona novas camadas de responsabilidade, exigindo que os Cincos façam malabarismos, multitarefas e extrapolem suas habilidades. Quando as estratégias de sua velha história não funcionam mais, quando os outros exigem emoção autêntica no momento, Cincos se recolhem como uma tartaruga-de-caixa, apertando seu casco bem fechado para evitar predadores.

Sobrecarregados pelas exigências incessantes da vida, Cincos ficam frustrados quando seu conhecimento não é o suficiente. Qualquer confiança que acumularam pode diminuir, reforçando sua percepção de que devem coletar mais dados, analisar mais padrões e adquirir mais conhecimento. Eles se sentem despreparados e ficam receosos e irritados com a forma com que os outros parecem desvendar o código do sucesso com facilidade confiante. Seu ressentimento reforça o impulso de sua velha história de sair e se separar daquilo que não é calculado. Quando seus

A História do Cinco

velhos sistemas estruturais não funcionam mais, eles não consideram isso um sinal para mudar a si mesmos e a sua narrativa, mas apenas seus filtros mentais. Como comprar uma nova caixa organizadora ou alugar um espaço de armazenamento quando as coisas começam a amontoar na sua garagem, Cincos, como todos os tipos, não percebem o óbvio: *E se eu não precisar mais disso tudo?*

Em vez de se engajar com os outros e participar plenamente, os Cincos geralmente observam perifericamente. Eles podem estar em uma conversa no trabalho e, simultaneamente, analisar os pensamentos e a visão de mundo da outra pessoa. Ou eles podem entreter sua faminta preocupação mental ao aplicar outros quadros de sistemas — cultural, filosófico, psicológico, estético, literário, entre outros — para dar sentido ao mundo e impressionar os outros.

Essa tentativa de garantir um senso de mistério e exercitar seus superpoderes mentais pode ganhar vida própria, o que Riso e Hudson chamam de "Brinquedo de Montar Interior".[5] Basicamente, eles trabalham em expandir suas histórias para algo grande o suficiente para englobar todas as experiências, as ideias, os pensamentos, os conhecimentos e as análises díspares que acumularam e continuar a coletar. Em um extremo, isso pode se tornar uma conspiração rivalizando com o *Código Da Vinci*, porém, geralmente é mais provável ser uma forma de consolar a si mesmo para se sentir acima dos aparentes caminhos arbitrários do mundo.

Não é surpresa, então, que os outros achem os Cincos excêntricos ou um pouco estranhos. Mais uma vez, os Cincos simplesmente usam esses rótulos para fortalecer sua crença em sua própria inadequação e separação, o que acumula justificativa para mais isolamento. Quanto mais os outros comentam a respeito de sua personalidade e de suas idiossincrasias, mais rápido os Cincos tentam se desengajar e se tornar invisíveis. Em vez de ver isso como uma postura de defesa, as outras pessoas podem presumir que o Cinco é simplesmente indiferente e arrogante.

Muitos Cinco parecem desgrenhados, desarrumados ou indispostos, como se não dessem importância para a aparência. Parte disso pode ser

135

Reescrevendo a Sua História

sua frustração em desvendar as tendências da moda e códigos de estilo de seus colegas, similar ao que Lori Chaffer experimentou no ensino fundamental. Em geral, Cincos veem as roupas como funcionais e práticas, mais do que expressivas ou afirmações estilísticas. Quando meu amigo Dr. Andrew Root, um autor e professor adjunto no Luther Seminary, em St. Paul, Minnesota, descreveu seu mundo como um Cinco, ele confessou que a forma com que geralmente se veste "não vai vencer [prêmios] de moda".[6] Ele reconhece que ama coisas de graça, tais como as camisas que você ganha em conferências e eventos esportivos, junto com coisas de segunda mão e presentes dos outros.

Falta de interesse por roupas e aparência faz sentido quando consideramos a forma com que os Cincos têm dificuldade de caber em seus corpos físicos. Pode ou não ser discernível para aqueles ao seu redor à primeira vista, mas geralmente outros podem eventualmente perceber que Cincos têm um padrão uniforme que seguem ao se vestir. Cincos casados podem amar quando seus cônjuges escolhem suas roupas todos os dias, e Garanimals, uma marca antiga de roupas infantis combinando, foram feitas para pequenos Cincos, assim como para pais Cincos. Essa tendência reflete seu afastamento de seus próprios corpos, ou a vaga noção de ser desconfortável em sua própria pele, como alguém vestindo algo não familiar, roupas mal ajustadas emprestadas de alguém.

No conto "Um Caso Doloroso", da coletânea *Dubliners*, James Joyce descreve o Sr. Duffy como um homem que "vivia a uma pequena distância de seu corpo, observando seus próprios atos com olhares furtivos e duvidosos".[7] Não é irracional suspeitar que esse personagem seja um Cinco de coração que também fala consigo sobre si mesmo em terceira pessoa. É como se os Cincos se sentissem confinados em uma embarcação que não soubessem bem como operar, resultando em uma hesitação, um comportamento estranho e uma sensação de não se sentir em casa em seu próprio corpo.

Cincos geralmente minimizam esse desconforto, junto com seu desdém pelo inesperado e imprevisível, ao aderir a rotinas e padrões habituais de comportamento. Apesar de esses sistemas estruturais tê-los servido enquanto cresciam e precisavam controlar o caos ou evitar serem dominados pelos outros, na vida adulta eles podem se tornar rígidos, obsessivos e disfuncionais. Cincos não querem amigos aparecendo sem avisar — não por não serem naturalmente hospitaleiros, mas porque sua rotina será interrompida. Eles não recebem convidados em casa tão facilmente e podem se sentir drenados com a antecipação mais do que com os visitantes em si.

Andy Root explicou.

— É muito difícil para mim até receber alguém na nossa casa. Eu tenho muita dificuldade. — E caso sua esposa, que é uma graciosa e prestativa Dois, queira convidar sua irmã e filhos para passarem a noite... — Eu preciso de três semanas a um mês para colocar na minha mente como seria isso e o que poderia acontecer. Parece simplesmente invasivo, para ser honesto.

A forma com que ele lida com a ansiedade e as demandas de trabalho é ficando muito reservado.

— Eu preciso da minha casa e dessa pequena sala para onde ir — diz ele. — Está tudo bem com familiares próximos, mas o pensamento de até mesmo receber um bom amigo para o jantar parece um grande fardo.

O que Cincos geralmente falham em perceber é que suas velhas histórias são um fardo ainda maior.

Despertar: Avaliando o Custo

Se os Cincos não pararem sua velha história, o custo se manifestará primariamente em seus relacionamentos. Outros não os entendem — algo que os Cincos me dizem ouvir bastante —, e Cincos presos em transes de suas histórias não acreditam que deveriam justificar a si mesmos para ninguém. Sua falta de emoção no presente momento deixa aqueles ao seu redor se perguntando o porquê de eles serem tão insensíveis ou afastados. Quando Cincos tentam expressar reações sociais apropriadas baseados em pistas dos outros, eles podem parecer indiferentes ou intelectualmente superiores.

Reescrevendo a Sua História

Estar afastado do imediatismo de seus sentimentos tipicamente causa danos aos que lhe são próximos. Meu amigo Joel Miller me contou um exemplo perfeito: sua esposa, uma Quatro, "reage em um momento de forma bem visceral a algo a que eu não reagiria. Ela olha para mim e então diz algo do tipo 'Estou muito cansada de ficar brava *por você*'". Megan tem dificuldade de entender como Joel é imune ao impacto de algo que a afeta tão poderosamente. Os sentimentos dele estão lá, mas são como peças de um quebra-cabeça que ele está tentando desvendar e juntar.[8]

Quando parceiros e amigos de Cincos não são pacientes como a esposa de Joel, eles podem, eventualmente, dar um ultimato aos Cinco, ou simplesmente abandoná-los e seguir em frente. Cincos, então, usam essas perdas como reforço para a mesma velha história sobre o quão assustador, duro e imprevisível o mundo é. Se não podem contar até mesmo com aqueles próximos de si, com quem contarão?

Em suas carreiras, Cincos se tornam especialistas em sua área — eles arquivam tanto conhecimento, como não seriam? —, mas, se não forem Cincos evoluídos, enfrentam dificuldades de aplicar tal conhecimento efetivamente ou assumir riscos necessários para colaborar com outros membros da equipe. Eles se tornam os solitários que os outros enxergam como antagonistas, difíceis e teimosos. Esses Cincos podem ter mais expertise e conhecimento que qualquer outro em sua empresa, mas são relutantes em compartilhar. Desejando permanecer seguros em sua confortável faixa de controle de cruzeiro, eles podem ser passados para trás em promoções se forem vistos como colegas de trabalho que são excelentes fontes de informação, mas não bons líderes.

Quanto mais os Cincos se agarram às suas narrativas de seguro-só--porque-é-familiar, mais eles se isolam e se tornam ainda mais desconectados. Qualquer coisa que atrapalhe suas expectativas e sua rotina — basicamente qualquer coisa que requer que eles saiam da própria cabeça — se torna uma ameaça. Sua história se torna um fardo obsessivo, e o cenário de sua mente, que consideram como o único lugar seguro, se desintegra em fantasias sombrias e fixações idiossincráticas, algo tirado

A História do Cinco

de uma obra de Stephen King, o que é apenas adequável para o próprio temível Cinco. Na verdade, King comentou várias vezes que escreve suas histórias para tirá-las de sua cabeça. Em vez de se recolher sozinho para dentro de seus próprios medos, ele encontrou uma forma de externalizá-los e compartilhá-los com milhões de leitores. É um ótimo exemplo do que acontece quando os Cincos param de acreditar em suas velhas histórias e criam uma nova.

Reescrever: Crie Sua Nova História

Comprometer-se com uma nova narrativa requer que Cincos encarem seus medos e saiam da própria cabeça. Eles lentamente percebem que, como adultos, podem criar limites mais permeáveis contra o domínio e o caos assustador e responder de maneiras que não estavam disponíveis para eles quando crianças. Isso não significa que eles irão parar logo de se recolher do mundo quando ele se tornar avassalador, mas que podem ser intencionais sobre balancear as demandas dos relacionamentos com sua própria necessidade de solidão. O músico Dan Haseltine, da banda Jars of Clay, diz que, quando eles estavam em turnê e performando, ele tinha suas maneiras de permanecer são.[9]

— Eu ia para a cama, colocava os fones de ouvido e ouvia música. Passava a maior parte do tempo no closet.

E às vezes ele se engajava em tarefas administrativas, só para permanecer ocupado e sozinho.

— Essa era a forma com que eu me mantinha à distância das pessoas ao meu redor, dos fãs e tudo mais — disse ele.

Cincos em uma nova história descobrem que seu entendimento, sua visão e sua curiosidade podem ser aproveitados para ajudar pessoas e causas fora de si mesmos. De mente aberta e menos temerosos, eles lentamente afundam seus pés na piscina de emoções profundas, gradualmente imergindo e descobrindo que não se afogarão. Em vez disso, descobrem a alegria de flutuar na superfície, tal como nadar em correntes agitadas. A caverna subterrânea de emoções enterrada fundo em si se

139

torna mais manejável — ainda assustadora, às vezes, mas vale a pena o esforço para se integrar.

Vejo esse tipo de integração em Tim Mackie. Ele se identifica como um nerd de teologia: professor de seminário e um dos dois fundadores do Bible Project, uma abordagem criativa para tornar a Bíblia compreensível para pessoas comuns por meio de curtos vídeos animados, inteligentes e engraçados. Ao longo de sua vida, ele lidou com o típico problema de afastamento dos Cincos, temperado com regulares doses de ansiedade de sua asa Seis. Seu treinamento acadêmico, diz ele, "apenas me cementava em minhas neuroses e hábitos menos saudáveis" como Cincos.[10]

Porém, aos 36 anos de idade, Tim se tornou pai, o que introduziu "esse período muito importante de autodescoberta. Isso me forçou a encontrar novas ferramentas para me ajudar a entender o motivo de eu me comportar daquela forma com esses pequenos humanos com quem moro".

Tornar-se pai o fez se abrir mais para receber emoções da forma que vierem — mesmo vê-las como um presente. Quando o entrevistei, ele mencionou uma experiência recente de assistir ao filme *Divertida Mente*, que é sobre emoções, juntamente com sua família. Um dos enredos era sobre um brinquedo perdido da infância da personagem principal que existe apenas nos recantos mais profundos da mente dela. Sentado com seus filhos, na época com 4 e 6 anos, Tim de repente se sentiu maravilhado com o quanto de suas infâncias eles não se lembrariam, quanto se perderia para sempre.

Tim começou a chorar incontrolavelmente.

— Foi como se meu corpo tivesse sido tomado por tristeza e perda. Minha esposa estava me encarando. Eu nunca choro. E ela estava tipo, "O que está acontecendo com você? Você está bem?"

Ele estava mais do que bem. Ele estava cativado pela beleza do filme e estava "deixando essas perdas e vitórias da vida deles dar forma e criar mais consciencialização emocional". Ele estava experimentando essas emoções no presente momento, não as guardando para serem analisadas depois. Esse é um passo para viver a nova história dos Cincos.

Ideias para a Nova História do Cinco

O cultivo de Tim, de experimentar a profundidade de seus sentimentos no presente momento, em vez de acumulá-los para mais tarde, nos leva à Paixão do Cinco: a avareza. Avareza, para o Cinco, não é sobre ganhos materiais ou sobre viver em luxo. Cincos dificilmente são garotos-propaganda de consumo evidente. Na verdade, é sobre conservar recursos emocionais que os Cinco sentem que são preciosos. A maioria dos Cinco sente que tem apenas a energia necessária — e não é tanto quanto pessoas dos outros tipos. Então eles a ajustam, gota a gota, alocando somente um pouco aqui e um pouco ali. Eles são superprotetores de seu tempo. Também acumulam conhecimento e sentem que, se conseguirem adquirir o suficiente, estarão seguros.

Cincos em uma nova história devem perguntar a si mesmos: "Quando é o suficiente?" Eles aprendem a estabelecer limites de navegar online ou completar projetos. Por mais difícil que seja terminar, eles param de pesquisar e guardar informação e simplesmente começam a aplicar e fazer. Em vez de se voltarem para dentro da própria cabeça quando estão com medo, entediados ou inseguros, Cincos evoluídos encontram formas de agir.

Para combater a avareza, Cincos em uma nova história cultivam a Virtude de seu tipo, que é o desapego. O desapego pode parecer uma Virtude irônica para esse tipo, que já parece bem desapegado. Quanto mais afastamento eles podem ter? Contudo, lembre-se de que o distanciamento dos Cincos está enraizado no fato de eles *serem* apegados às suas próprias necessidades de ser autossuficientes e estar no controle de seu ambiente. A Virtude do desapego não é sobre se desconectar ainda mais das pessoas, mas sobre perceber por que eles decidiram se afastar em primeiro lugar. Desapego real, de acordo com a professora de Eneagrama Helen Palmer, "requer que você tenha a gama completa de sentimentos à sua disposição".[11] Cincos em uma nova história estão em busca dessa gama completa de sentimentos.

Reescrevendo a Sua História

Por exemplo, Cincos saudáveis encontram uma forma de conectar sua mente muito evoluída com a consciencialização pouco evoluída de seu corpo. Muitos deles acham que práticas como meditação, trabalho respiratório, ioga e tai chi chuan os ajudam a criar uma ponte sobre o golfo criado por suas velhas histórias, por velhos hábitos. Outros exploram atividades e esportes que exigem engajamento mental e o corpo em harmonia — pintar, costurar, marcenaria, nadar, dançar, andar de bicicleta. À medida que se tornam mais presentes em cada momento, eles crescem em confiança e segurança, deleitando-se na beleza e maravilha dos detalhes ao redor.

Cincos que estão caminhando para sua Virtude do desapego experimentam a doação de si mesmos de forma mais extravagante do que estão acostumados a fazer. Contatar pessoas que são importantes para você sem nenhum motivo além de deixá-las saber que você se importa com elas e valoriza seu relacionamento. Ligar ou mandar mensagem para um amigo e concordar em se encontrar para uma bebida depois do trabalho ou um jantar na semana. Deixar claro que você não tem agenda para seu tempo juntos, além de passarem tempo juntos. Confie em mim, eles ficarão felizes por você estar tomando a iniciativa. Também, seja deliberado sobre se aventurar para fora de sua zona de conforto ao fazer uma apresentação sobre um tópico que você não domina por completo ainda, voluntariando-se para liderar um comitê, ou fazendo audições para um papel em uma produção local. Deixe os outros experimentarem seu verdadeiro eu e tudo o que você tem para compartilhar com eles.

Trabalhe em experimentar suas emoções enquanto elas surgem. Ao longo de seu dia, preste atenção ao que sente a qualquer momento, em vez de enviar todos os dados emocionais para sua unidade de processamento interna para análises posteriores. Pratique expressar suas emoções espontaneamente e, quando for apropriado, compartilhe-as com os outros.

Confie que você tem abundância de si mesmo para doar. Você tem mais do que o suficiente.

A História do Seis
Coragem para o Leal

"Eu aprendi que a coragem não é a ausência do medo, mas o triunfo sobre ele. O homem corajoso não é aquele que não sente medo, mas aquele que conquista esse medo."
— Nelson Mandela

Quando o desastre acontece, você quer ter um Seis ao seu lado. Eles são preparados e muito mais, já imaginaram tudo que poderia dar errado e pensaram em rotas de fuga, planos de sobrevivência, esconderijos, saídas de emergência, abrigos subterrâneos e contra tornados bem antes de serem necessários. Eles sabem a manobra de Heimlich e como amarrar um torniquete. Seis são, geralmente, salvadores de vidas (literalmente) e se sentem validados quando podem aplicar um dos planos que formularam para sobreviver.

Não posso te dizer quantos Seis eu ouvi contar as histórias mais incríveis nas quais eles lidaram com alguma crise pois estavam mentalmente,

Reescrevendo a Sua História

se não fisicamente, preparados para tal ocasião. Lembro-me de liderar um seminário de Eneagrama na cidade de Nova York uma vez, quando estávamos discutindo esse superpoder dos Seis. Uma mulher levantou a mão e disse: "Certo, você não vai acreditar nisso, mas no caminho para cá, eu estava caminhando na rua e imaginando o que faria se uma van de terroristas subisse a calçada. Para onde eu correria? Entraria em uma loja? Correria para a rua para tentar fugir?"

Ela também se perguntou quantas pessoas ficariam feridas nesse ataque terrorista hipotético e como ela poderia melhor ajudá-las. Onde ela seria mais útil para as outras pessoas? Alguém precisaria de massagem cardíaca? (Ainda bem que ela fez aquela aula.)

Embora esse estado de preocupação imediato pareça dramático — especialmente por ela estar solucionando problemas de situações que não aconteceram! —, ele é típico de muitos Seis, que geralmente advogam por aqueles que precisam. Eles são chamados de Leais por conta de seu profundo desejo por justiça, equidade, igualdade e valores tradicionais. Eles querem saber o que é esperado deles e qual será seu papel se uma crise acontecer.

Jill Phillips, um cantor e compositor de Nashville, que é um Seis, me disse:

— Eu meio que presumo o que as pessoas estão pensando sobre minha habitual bondade da mesma forma que estou pensando sobre a delas.[1] Eu sou muito leal. Eu diria que tenho longas amizades com as pessoas. Nos envolvemos em nossas comunidades e nossas vizinhanças e esse tipo de coisa. — E, para Jill, a frase "Nossas comunidades e nossas vizinhanças" se refere a toda a comunidade *humana,* não somente às pessoas a dois quarteirões.

Como Jill e a participante de meu seminário de Eneagrama, no seu melhor, Seis são confiáveis, defensores valentes do que é certo e bom. Eles são soldados e guardiões, questionadores e caçadores da verdade, advogados do diabo e duvidosos como São Tomé. Eles sabem o que fazer durante uma crise e têm mais planos para sobreviver a desastres do que qualquer sobrevivencialista vivendo fora do sistema.

144

A História do Seis

Porém, no caso de suas piores histórias, Seis inábeis fazem do medo seu ídolo, com poder para controlá-los tanto ativa quanto reativamente. Eles acreditam que a corrupção e a conspiração ameaçam nos destruir a qualquer minuto. Sendo lutar ou fugir suas únicas opções, esses Seis inevitavelmente são controlados por seu medo e sua insegurança.

Ver: A História de Origem do Seis

Toda criança pode lutar contra o medo de ser abandonada pelos pais e ser incapaz de sobreviver sozinha. Para os Seis que estão sendo formados, porém, esse medo inconsciente se torna o tema central da história que criam para sobreviver a tal possibilidade. Eles aceitam inconscientemente a ideia de que possivelmente não podem sobreviver sozinhos como um fato irrefutável, não uma opinião pessoal. Eles precisam da sombrinha da autoridade parental para se sentirem seguros e protegidos, e se ela não existir (ou não for percebida por eles), então os Seis experimentam o pânico puro. Em vez de se recolherem para dentro da própria mente, como os vizinhos Cincos, ou sinalizar seus medos passados, como Setes otimistas, os jovens Seis mergulham de cabeça: eles presumem que não podem confiar em seu próprio julgamento, o que os deixando em um estado crônico de ansiedade.

Para aliviar o estresse causado por essa crença, os Seis geralmente olham para outro lugar e juram lealdade a quem quer que eles pensem ser capazes de protegê-los e fornecer segurança. Eles são leais por uma razão, ao menos inicialmente, recebendo qualquer força que se convenceram ser incapazes de fornecerem a si mesmos. Como todos os tipos criando uma falsa crença e se prendendo a ela como uma narrativa guia, os Seis praticam o mesmo raciocínio circular autoperpetuante. Eles acreditam que não têm um compasso interior para tomar decisões sem a ajuda dos outros, então se viram para outro lado; esse processo de se virar para o outro lado em busca de conselho mais tarde confirma suas dúvidas sobre seu próprio julgamento.

Ao crescer, Seis influenciáveis se tornam ímãs para a ansiedade. Eles são rápidos para ouvir alertas de adultos superprotetores e presumem

Reescrevendo a Sua História

que há uma base na realidade para cada perigo sensacionalista que veem online — plantas que comem carne, vespas assassinas e correntes de água parada, sem mencionar andar em meio a tiroteios, cães raivosos e vazamentos de gás em casas iguais às deles. Uma Seis que conheço leu um artigo, anos atrás, sobre pessoas que ficaram presas no metrô por horas em um túnel escuro, então ela passou a carregar uma pequena lanterna em sua bolsa, só para aquela ocasião. (Alerta de serviço público para todos os não Seis: não é suficiente ter a lanterna do celular. Aplicativos de lanterna drenam a bateria muito rápido, então você precisa de um plano B. Seis são reis e rainhas de planos B.)

John Mulaney, um escritor de stand-up e antigo roteirista do *SNL*, faz uma prosa hilária sobre as assembleias anuais em sua escola.[2] O problema era o habitual palestrante convidado, um detetive do departamento de polícia de Chicago, que estava lá para discutir medidas de segurança e vigilância pública. Porém, como Mulaney aponta, é difícil para pessoas com seus 8 e 9 anos de idade processarem a notícia de que existem sequestradores pelas ruas. Claro, esses *são* perigos reais, e as crianças devem aprender a ser cautelosas com estranhos e procurar por sinais de alerta indicando o perigo iminente. Contudo, para os Seis — e ouso dizer que Mulaney se incluiria —, tal mensagem apenas coloca lenha no fogo de sua imaginação já medrosa.

Não é apenas a partir de adultos bem-intencionados que os pequenos Seis formam suas histórias. Muitas vezes, eles absorvem a atmosfera tensa de um dos pais, de quem o comportamento possa ter sido imprevisível, enviando uma mensagem volátil para a criança ansiando por segurança e estabilidade. Como resultado, essas crianças aprendem os sinais de alerta e mantêm uma observação cuidadosa de comportamentos erráticos e situações ameaçadoras.

Inseguros sobre suas habilidades de enfrentar sozinhos os medos da vida, os Seis criam uma história na qual eles precisam seguir padrões estabelecidos por autoridades confiáveis. Eles valorizam e confiam nas pessoas encarregadas de cuidar deles que fazem bem seu trabalho.

A História do Seis

Ouvintes cuidadosos, eles gostam de seguir líderes que os respeitam e explicam as regras e, mais importante, o motivo das regras.

Seis em formação podem gravitar para a segurança em números ao se juntarem aos times de esporte ou grupos de colegas próximos que parecem oferecer segurança e ordem. Sem confiança em seu próprio compasso interior, porém, eles não arriscam, o que é uma vergonha, visto que saltos ocasionais antes de olhar poderiam, potencialmente, oferecer a autoafirmação de que eles precisam tão desesperadamente.

Uma vez que percebem que nem todos os adultos e autoridades são confiáveis, jovens Seis entram em conflito. Por mais que queiram acreditar no poder dos outros responsáveis por ajudar e protegê-los, eles sempre estarão incertos, pois algumas pessoas não são confiáveis, todas as pessoas têm o potencial de trair e abandonar os Seis, deixando-os aos seus próprios cuidados.

Essa consciencialização de que ninguém pode ser totalmente confiável, a princípio, pode exacerbar a abordagem dos Seis aos perigos da vida. Enquanto muitos permanecem apreensivos sobre os muitos gatilhos para o perigo da vida, outros reagem e se inclinam para o extremo oposto, descartando potenciais medos ou demonstrando domínio sobre eles. O primeiro grupo é geralmente chamado de *Seisfóbicos*, e o segundo, de *contrafóbicos*. As situações evitadas pelos Seisfóbicos podem ser perseguidas com paixão destemida por seus pares contrafóbicos. Eles ainda acreditam que a história sobre o mundo é tão perigosa que cada dia poderia ser um episódio de *24 Horas*. Contudo, Seis contrafóbicos treinam para ser como Jack Bauer e enfrentar o desafio, ansiosos para ir contra as autoridades convencionais que representam potenciais perigos.

Seis estão em um contínuo entre fóbico e contrafóbico. Eles formam uma história quando jovens que combina os dois e os faz viver em um pingue-pongue, de um lado para o outro, dependendo da situação. Pela manhã, eles podem anunciar a chegada do chefe e acreditar que tudo está ótimo no trabalho e, naquela mesma tarde, podem se sentir ansiosos pensando que seu trabalho será substituído por robôs. No centro de suas narrativas, Seis se comprometem a se tornarem parceiros na dança do medo, por vezes seguindo, por vezes sendo guiados.

Seis constantemente questionam a si mesmos e aos outros. Poderia ajudá-los se eles questionassem as velhas ideias e crenças equivocadas que os mantêm presos em sua velha história. Para viver uma história maior e mais bonita, os Seis precisam interrogar e desmascarar suas velhas ideias, tais como:

- Estarei seguro se me preparar para o pior.
- Se eu me preocupar e planejar o suficiente, tudo ficará bem.
- É difícil não duvidar ou confiar nas pessoas quando tantas delas têm agendas secretas.
- Não posso confiar em mim mesmo para tomar boas decisões.
- Sempre serei cheio de dúvidas e preocupação.
- Não estarei seguro ou certo, a menos que eu tenha algo ou alguém além de mim em quem confiar e a quem ser leal.

A história que os Seis contam a si mesmos não é a história que Deus conta. Se deixadas escondidas sem serem questionadas, suas crenças equivocadas eternizarão sua velha história. A frase "não temas" aparece 365 vezes nas escrituras. Seis que vivem uma história melhor e mais verdadeira têm que voltar a si e pôr um fim às suas suposições inconscientes: "Deus quer que eu acredite que estou sozinho e sem defesas em um mundo caótico e incerto? Deus me diz para ser ansioso sobre tudo? Deus quer que eu acredite que depende de mim defender a mim mesmo?" Seis que querem fazer a passagem de suas velhas histórias para uma nova precisam praticar responder a plenos pulmões essas perguntas (e outras como elas) com um "Sem chance!" (Tudo bem, Deus não se incomoda.)

Possuir: A Força e a Sombra do Seis

Uma de minhas Seis favoritas é Sarah Thebarge, uma profissional médica treinada em Yale, palestrante internacional, autora e filantropa.

A História do Seis

Quando abordei padrões fóbicos, ela confirmou a tendência dos Seis de antecipar e se preparar para o desastre.

— Não posso ir a lugar algum sem saber onde estão localizadas as saídas de emergência — disse ela.[3] — Quando estou em um avião, tal como quando estava voando constantemente para a faculdade, da Costa Oeste para Los Angeles, onde eu estudava, eu não bebia nada que tivesse gelo e não comia nada durante as seis horas de voo, porque fiz as contas. Se você se engasgar, se suas vias aéreas ficarem obstruídas... eles não podem pousar o avião a tempo.

Ela chegava em L.A. "com muita fome e sede, mas pelo menos não engasgaria até a morte!"

Sarah também mencionou outro benefício da ansiedade crônica sofrida pela maioria dos Seis.

— Uma das melhores coisas que li sobre os Seis é que, por termos tanto medo e ansiedade sobre pequenas coisas o tempo todo, quando se trata de coisas grandes, os Seis geralmente são os mais corajosos e mais dispostos a agir. Passamos o dia todo superando o medo. Quando chega a hora de colocar esse músculo em ação e fazer algo bom, estamos prontos.

Dependendo do quão desenvolvidos eles são em lidar com suas respostas ao medo, Seis podem se tornar ótimos líderes, negociadores de crises e socorristas. Enquanto outros tipos podem ser pegos de surpresa por uma reviravolta, a maioria dos Seis presume que algo dará errado e planeja de acordo. É melhor, então, que a maioria das pessoas seja Seis do que qualquer outro tipo no Eneagrama, talvez refletindo a universalidade dos medos para todos os seres humanos.

Obviamente, quando estão presos às suas velhas histórias, os Seis podem ficar paralisados pelo sistema intrincado de alarmes que devem manter. Quando se prendem aos seus velhos roteiros, eles têm dificuldade de ver além de viver com medo, por conta dos perigos inerentes da vida — que são implacáveis e estão sempre presentes, agora mais do que nunca. Eu com frequência menciono que o mundo hoje parece mais perigoso e volátil, parcialmente por conta do imediatismo das redes sociais,

Reescrevendo a Sua História

da conectividade online e do subsequente ciclo de notícias sem fim. Esses fatores apenas intensificam o volume da ansiedade ambiente, que os Seis ouvem no dia a dia.

Enquanto escrevia este livro, vários eventos fizeram com que nos sentíssemos como os Seis, primeiro a pandemia da Covid-19 e o potencial efeito colateral das quarentenas, escassez de recursos e a economia em recessão. Por meses, as pessoas se abrigaram em casa, acumularam papel higiênico, assistiram a contagem de mortos crescer dramaticamente e entraram em pânico ao sentir o mínimo incômodo na garganta. A cobertura das notícias se tornou um campo minado político, composto pela falta de conhecimento científico na novela do coronavírus. No mesmo ano, os Estados Unidos país encarou outro tipo de pandemia à medida que o racismo sistêmico colidiu com a brutalidade da polícia. Protestos se prolongaram por semanas, pontuados por conflitos ocasionais, saques, contraprotestos e arrogância política. Em seguida, houve uma eleição bem polarizada, com um presidente dos Estados Unidos fazendo afirmações sem base sobre fraude nos votos e incitando uma invasão violenta ao prédio do Capitólio, em Washington, D.C.

Em outras palavras, quem diabos não ficaria com medo?

Contudo, eu sei que para os Seis a pandemia e a agitação civil tiraram qualquer aparência de controle e estabilidade na sociedade. Alguns deles me disseram que, pela primeira vem na vida, a realidade de suas experiências era pior do que qualquer coisa que haviam imaginado. Muitos sofreram com a ansiedade intensificada e se afundaram de vez na depressão mais rápido que o restante de nós. Enquanto quase todos sofreram com ansiedade e depressão, os Seis frequentemente se sentiam sem esperança e desamparados. Se passaram por algum trauma de infância, a pandemia se tornou um grande gatilho.

Em outro extremo, se não foram marginalizados pelo medo sem precedentes, os Seis se encheram de ocupações como nunca antes, se recusando a reconhecer o absoluto terror à espreita de sua imaginação em um tipo de bravura contrafóbica. Muitos deles eram os vizinhos que você viu construindo novos deques nos quintais, entregando comida para idosos e aquelas pessoas de alto risco, ou costurando máscaras para seus entes queridos. Não importa o quão duro tenham trabalhado, eles nunca sentiram que era o suficiente para se preparar adequadamente.

Teimosamente se prendendo às suas velhas histórias, os Seis sentem que não há escolha a não ser sucumbir ao medo.

Despertar: Avaliando o Custo

Quando os Seis se recusam a criar uma nova história, eles pagam um alto preço. Lidar com ansiedade crônica geralmente resulta em exaustão em todos os níveis. A saúde física sofre porque o corpo, de fato, mantém o placar, como um livro clássico contemporâneo sobre trauma nos lembra.[4] Estresse, fadiga e sistema imunológico comprometido preparam o lugar para uma série de doenças e disfunções. Infelizmente, diagnosticar os resultados só intensifica a causa, produzindo mais ansiedade e sofrimento.

Relacionamentos íntimos podem ser difíceis para Seis que sofrem com velhas histórias. Sendo leais, eles desejam se comprometer com alguém em quem podem confiar e de quem podem depender. Juntamente com esse desejo, porém, eles inconscientemente duvidam de que seus parceiros sejam tão comprometidos com o relacionamento quanto eles. Sua insegurança os faz se perguntar por que seus parceiros desejariam estar com eles ou investir em um relacionamento duradouro. Eles são pegos no que meu convidado no *Typology* Francie Likis descreve como o conflito interno de ser um Seis: "É difícil para mim tomar uma decisão importante, mas eu não quero tomar aquela decisão por mim, certo? Eu tenho medo de que você vai me deixar, mas eu não quero ser dependente de você. Então parece muito com um jogo de empurra."[5]

Seis que estão prontos para viver uma nova história começam caminhando para a realidade de que a maioria de seus medos não se materializa. Estão ouvindo, Seis? A grande maioria das coisas sobre as quais vocês passam tempo ruminando em seu cérebro nunca se cumprirão. A cantora e compositora Jill Phillips resumiu isso perfeitamente quando retornou ao *Typology* para uma entrevista solo.[6]

— Todas as coisas ruins que me aconteceram eu não pude prever — disse ela quando as coisas terríveis que ela "catastrofizou" que poderiam acontecer não aconteceram. O que ela aprendeu com isso ao longo de muitos anos foi a ter fé. — Algo aconteceu que eu não previ e, ainda assim, Deus foi fiel e eu passei por aquilo, apesar da minha fraqueza e medo. O acúmulo dessas experiências me tornou uma pessoa bem diferente.

A maioria dos Seis finalmente reconhece que devem desenvolver planos de bem-estar e estratégias de enfrentamento se quiserem desfrutar a vida. Eles percebem o impacto que suas mensagens contraditórias têm nos outros e trabalham para resisti-las, tal como comunicar o que estão sentindo quando provocados. Uma vez que se comprometem a fazer o trabalho e descartar a história que uma vez pensaram ser sua única corda de segurança, os Seis geralmente florescem para uma vida com uma beleza distinta que rivaliza com qualquer outro tipo.

Reescrever: Crie Sua Nova História

Muitos Seis reconhecem que encarar seus medos para mudar sua história é algo que fica pior antes de começar a melhorar. Porém, ver seus piores medos realizados pode, por vezes, ter um efeito libertador. Esse foi o caso para outra convidada de meu painel exclusivo de Seis, Leslie Jordan.[7] Ela compartilhou que foi preciso um ano como o de Jó, de perda e lamentação, para levá-la a um ponto de clareza e mudança.

— O ano de 2016 para mim foi a realização do medo de uma vida — disse ela.

O ano começou com um aborto espontâneo, com seis semanas de gestação, e terminou com uma cirurgia para determinar se ela tinha câncer de tireoide. Nesse meio-tempo, ela acumulava o caos de algumas mudanças de liderança no trabalho e drama familiar em casa.

A História do Seis

— Tudo na minha vida parecia turbulento e inseguro. Havia dias em que eu estava literalmente deitada de costas no chão. — Em momentos como aqueles, ela sentiu que simplesmente não conseguia se levantar e que seus piores medos se tornaram realidade.

Então ela começou a se recuperar, pensando sobre quanto poder e autoridade ela havia cedido, havia muito tempo, aos seus piores cenários. Ela começou a questionar a forma com que olhava para seu marido, ou a igreja ou outras pessoas buscando por reafirmação. Em retrospectiva, havia um bônus em meio a todas as coisas terríveis que aconteceram naquele ano: ela percebeu sua própria força e que era capaz de sobreviver a um de seus piores cenários.

— Eu não perdi minha fé e não me perdi no processo — disse ela, maravilhada. O pior aconteceu, e ela provou ser forte o suficiente.

Por mais dolorosos que aqueles acontecimentos tenham sido para Leslie na época, ela fez a escolha de não deixar sua velha história mantê-la no chão. Ela descobriu uma força e resiliência que não sabia ter, até que todos seus outros recursos lhe foram retirados. A história de Leslie sintetiza uma jornada sagrada da Paixão do Seis, que é — adivinhe! — o medo, para a Virtude do Seis, a coragem. Ela conquistou a coragem de encarar seus medos sozinha, sem depender de uma figura de autoridade externa para guiá-la no que fazer, e aprendeu que podia sobreviver ao pior cenário. Ela poderia se atrever a confiar em si mesma.

Coragem é a chave para os Seis que estão prontos para mudar suas histórias. Na verdade, Sarah Thebarge compartilhou uma brilhante distinção que a ajudou a seguir em frente através de seus medos. Como uma profissional médica que viaja o mundo, frequentemente indo para regiões menos desenvolvidas, destruídas pela guerra e pela pobreza, para fornecer tratamento, medicamentos e medidas preventivas, Sarah não apenas tem que enfrentar aquelas assustadoras maratonas de voos internacionais, mas também as variáveis desconhecidas prontas para atrapalhar seus planos assim que ela pousa. Também uma sobrevivente do câncer, Sarah claramente teve que olhar seus demônios nos olhos e enfrentá-los. Ela teve uma revelação alguns anos atrás.

— Sempre que me preparo para fazer essas viagens internacionais ou vou para lugares perigosos, as pessoas me dizem: "Você é tão destemida!"

Isso a incomodava, aquela palavra "destemida", e ela se perguntava como isso era diferente da palavra "coragem". Então, sendo uma nerd que gosta de entender as palavras, ela pesquisou. Ser destemida, ela aprendeu, "é quando você não sente medo, então assume grandes riscos ao fazer coisas perigosas. Ser corajoso é quando você sente todo o medo, mas escolhe fazer de qualquer forma, pois há algo mais importante em jogo".

Incrível, não é? Isso é a definição de como o *agere contra* se parece para os Seis: escolher a Virtude da coragem quando sua composição natural é programada para o medo. Sarah redefiniu a coragem de maneira brilhante e de modo que especialmente todos os Seis deveriam apreciar.

— Eu não sou destemida — disse ela. — Porém, o que me leva aos lugares é a coragem. É escolher algo que importa mais do que estar segura e se sentir segura. Aquelas pessoas que estão sofrendo importam mais para mim do que minha vida.

Esse tipo de coragem é o que torna Seis evoluídos tão especiais. Nós vemos sua formação oscilante em cenas icônicas, como Tomé duvidando de que Cristo havia ressuscitado, até que viu por si, ou Hamlet se perguntando se ele realmente viu o fantasma de seu pai fora de Elsinore. Na literatura e na teologia, na política e no ativismo social, na música e nos filmes, nos comentários e sátiras, os Seis revelam os medos que todos temos e nos ajudam a obter um controle sobre eles, pois eles os conhecem bem intimamente.

Seis que estão reescrevendo suas histórias também podem se animar ao reconhecerem o dom que suas forças são para o mundo. Sua característica de lealdade é incrível.

Uma vez conheci uma mulher que é uma freira católica, ativista social e se identifica como Seis. Ela podia ver como as forças do seu tipo de personalidade a ajudaram a se manter um membro fiel de sua comunidade religiosa.

— Faço parte de uma igreja que se sente confundida e ameaçada por mulheres — contou-me ela. — As pessoas já me perguntaram: "Por que você não sai? Poderia se juntar a uma igreja Episcopal e entrar em uma de suas ordens religiosas. É provável que eles te mandem fazer o sacerdócio, se você sentir o chamado."

Contudo, ela decidiu:

— Em vez de abandonar minhas tradições, escolhi ficar com minha família de fé para ajudar a trazer a mudança de dentro.

Essa mulher estava expressando coragem ao permanecer onde estava, mesmo que tenha percebido que, em toda sua vida, a igreja nunca reconheça completamente os dons das mulheres. Esse é o tipo de lealdade marcante que os Seis rotineiramente dedicam às pessoas e às instituições.

Ideias para a Nova História do Seis

Seis com novas histórias andam com a confiança de uma nova história, pois suportaram as noites sombrias da alma com frequência o suficiente para saber que a luz volta pela manhã. Eles descobrem que não precisam de que mais ninguém os proteja ou ofereça autoridade. Como Sarah e outros Seis desenvolvidos, eles encontram uma causa maior que seus medos que os liberta de seus velhos roteiros.

Caso seja um Seis, tente limitar as fontes de informação que absorve diariamente, especialmente histórias de piores cenários nos noticiários. Perceba que qualquer informação e entretenimento que eles oferecem deve valer o preço de ter todos aqueles sons, imagens e detalhes para sempre em sua consciência.

À medida que lida com seus medos, identifique a diferença entre o medo real, ligado a uma causa clara no momento, e a ansiedade crônica não específica que você experimenta na maioria dos dias. Condicione a si mesmo a diminuir a ansiedade ambiente a cada dia e a reconhecer a realidade de medos legítimos que requerem ação decisiva. Para aumentar

Reescrevendo a Sua História

sua consciencialização desses padrões em sua vida, regularmente (uma vez por semana, se não diariamente) passe algum tempo escrevendo em um diário sobre as preocupações e medos que lhe incomodam com mais frequência. Descreva suas inseguranças e os piores desfechos. Porém, certifique-se de concluir, listando as vezes em que você suportou dificuldades inesperadas, superou probabilidades impossíveis e perseverou para conquistar seus medos. Não se esqueça de incluir os momentos em que suas preparações preveniram problemas ou permitiram com que você lidasse com surpresas desagradáveis.

Pense cuidadosamente sobre o poder que cede às outras pessoas. Em quem você mais confia sem questionar ou quem busca para confirmação sobre suas decisões? A quais fontes ou figuras de autoridade você tende a reagir *contrariamente* de imediato, e por quê? Parte de cultivar a Virtude da coragem significa aprender a confiar em si mesmo, o que significa permitir erros ou perder oportunidades enquanto ganha mais confiança. Pode ser que você nem sempre tome boas decisões, mas permita que elas sejam *suas* decisões.

Finalmente, envolva-se com sua comunidade. Um de seus melhores dons é a estabilidade e a lealdade que traz às pessoas ao seu redor. Encontrar boas causas para apoiar não é difícil para Seis transformados. À medida que se torna mais forte, confiante em si mesmo e disposto a assumir riscos corajosos, você se torna um guardião de todos que precisam de proteção e um socorrista para a humanidade. Katie Williams (uma designer de interiores em Nashville que esteve no podcast com um painel de mulheres, todas minhas amigas) resumiu a essência do coração de Seis livres melhor que qualquer um que eu conheço quando disse que somos todos chamados a deixar nossas diferenças. Essa é a essência do Evangelho para ela, de que estamos todos juntos nessa, nos unindo uns pelos outros. Não importa a cor, idade, diferenças de nenhum tipo, seja em vizinhanças, cidades, nações, o mundo, "ver todas essas pessoas ajudando umas as outras faz meu coração cantar... É sobre isso."

Durante esses períodos em que o inimaginável acontece diariamente e o inesperado é a única constante, os Seis podem encarar momentos

A História do Seis

de fazer-ou-morrer com mais frequência que os outros tipos. Sua velha história de terror não funciona mais, porque a realidade a substituiu. Então eles têm a oportunidade de criar uma nova fábula épica, heroica, de superação de adversidades e triunfar sobre restrições impostas a si mesmos. Seis podem ser nossos lutadores da liberdade, sem correr de medos e sem reagir contra eles. Ao invés disso, reconhecem o medo com respeito saudável enquanto seguem para fazer o que precisa ser feito.

Pois os Seis sabem sobre o que é a *coragem* — não somente o destemor.

A História do Sete
Profundidade para o Entusiasta

"Encare a vida, sua dor, seu prazer, não deixe nenhum caminho por trilhar."
— Neil Gaiman

Ele quer ir para um monastério e eu quero ir para a celebração do Mardi Gras.

Com essa simples, porém brilhante, observação, Shauna Niequist revelou muito sobre ser uma tipo Sete no Eneagrama. Ela e seu marido, Aaron, são autores best-sellers, pensadores inovadores e amigos de longa data. Eles também são grandes fãs do Eneagrama, então, quando se colocaram à disposição para uma troca de histórias, eu amei saber mais sobre a dinâmica de seu relacionamento, especialmente porque Aaron é um tipo Quatro, como eu.[1]

Acontece que o relacionamento deles tem sido um estudo único de estilos contrastantes desde que eles se encontraram. Shauna e Aaron trabalhavam juntos e, na verdade, começaram seu primeiro emprego depois

Reescrevendo a Sua História

da faculdade no mesmo dia. Eles foram contratados por uma grande igreja e "trabalhavam com uma agenda de ministério estudantil totalmente maluca", segundo Shauna. Logo de início, eles tiveram uma boa percepção um do outro e do quão diferentes eram.

— Nossa equipe brincava que éramos as pessoas mais opostas em cada reunião. Em qualquer situação de reunião, se houvesse duas opiniões, eu escolheria A, e ele escolheria B, cem por cento das vezes.

Sendo o Romântico, Aaron não se sentia mal com suas visões opostas e admite que isso pode ter adicionado fatores na atração por Shauna, que era "uma garota muito linda". Ele finalmente a convidou para sair em um sábado, e ela aceitou. Então, na sexta, ao final do dia de trabalho, ele disse que a pegaria pela manhã.

— E ela respondeu, "Sim, então eu convidei o Brian para vir conosco".

Lá estava ele, pensando que eles poderiam se conectar e ter essa experiência compartilhada juntos, e ela nem mesmo percebeu que era um encontro e pensou que quanto mais, melhor.

Obviamente, eles posteriormente começaram a namorar sem que outros os acompanhassem, porém seus estilos de personalidades distintas e expectativas diferentes os seguiram no casamento. Aaron e Shauna compartilharam como cada um deles reagiu, recentemente, quando foram confrontados com um fim de semana não planejado do Dia do Trabalho. Saindo de um período movimentado, com viagens, palestras e trabalho, Aaron precisava de algum tempo de inatividade e só queria relaxar, ficar sozinho e escrever uma música ou criar alguma coisa. Shauna, por outro lado, disse: "Eu quero andar de barco com um monte de gente. Quero que tenha melancias e, talvez, queijo, biscoitos e música". Queria pisar na areia e ficar queimada de sol e ter um fim de semana superdivertido, daqueles bagunçados, com os parentes, um fim de semana movimentado.

Isso seria aquela coisa sobre o monastério e o Mardi Gras.

A preferência de Shauna é totalmente Sete. Setes são cafeinados de nascença. Eles entram em qualquer ambiente com uma exuberância que faz virar cabeças. Seus olhos brilham e seus lábios dão uma dica do

A História do Sete

sorriso que estão prestes a dar. Setes são os carismáticos e os contadores de histórias, os gurus de autoajuda e representantes de vendas que sabem do que você precisa antes mesmo de você e fazem com que se sinta honrado em comprar com eles. A história que eles contam a si mesmos poderia facilmente ser intitulada *No Final do Arco-íris — Há um Pote com Mais Arco-íris (e um Unicórnio Azul)*.

Não é de se admirar, então, que todos amem os Sete, incluindo eu. Apesar de saber que eles não têm tudo ao seu alcance e que nenhum tipo no Eneagrama é melhor que o outro, eu ainda amo a forma com que eles trazem sentimentos de alegria. Certamente, o humor irreverente se originou com um Sete, assim como diários de viagem, férias aventureiras e o poder do pensamento positivo.

Meu filho, Aiden, é um típico Sete. Ele tem vinte e quatro anos, mas ainda anda com olhos arregalados pelo mundo, rindo de um bebê que acabou de descobrir seus dedões do pé.

Somente quando Aiden começou a lutar contra as inevitáveis e difíceis realidades da vida adulta eu pude vislumbrar de perto o preço que os Sete pagam por sempre pularem e saltarem pela vida. Seus desafios me proporcionaram uma foto em alta resolução da maneira com que eles, assim como qualquer outro tipo no Eneagrama, têm uma história falha que, cedo ou tarde, desmorona. Há um preço para sua positividade, frequentemente desequilibrada, que não pode ser pago até que eles encarem suas verdadeiras perdas.

Ninguém pode criar otimismo sem sacrificar uma parte de sua humanidade. Os desafios da vida são inevitáveis e geram períodos de perda, desapontamento e ferimento. Só porque eles não são reconhecidos ou aceitos não significa que você se desviou dos socos da vida. Setes preferem sofrer em privado, ao invés de deixar que qualquer um os veja sangrar, especialmente eles mesmos. Para a cura poder acontecer, é preciso que exista um tempo para sentir a dor, tratar a ferida e permitir que as cicatrizes se formem. Seres humanos precisam experimentar a gama completa de suas emoções sem ficarem presos a uma variedade ou ignorar a outra parte.

Ver: A História de Origem do Sete

É difícil saber qual é a verdadeira história de origem dos Sete. Eles colocam tanto filtro rosa em tudo, incluindo em sua infância, que é difícil separar fato de ficção sem checar duas vezes com os demais membros de suas famílias. Setes não são mentirosos compulsivos; eles só têm memória seletiva. Muitos se lembram de ter tido infâncias idílicas em vizinhanças seguras, com pais amorosos, golden retrievers e amigos próximos, com quem construíram casas na árvore, nadaram em piscinas locais e criaram memórias que duram uma vida, ou pelo menos até o próximo ano da escola. Quando pressionados, Setes podem reconhecer rachaduras em suas histórias photoshopadas e mostrar um sorriso vago sobre dificuldades financeiras da família, pais ausentes, rivalidade entre irmãos e sair do futebol para formar uma banda de garagem, que se desfez meses depois, quando eles se juntaram ao Clube de Francês para ir para Paris nas férias de primavera. Mesmo quando corrigem detalhes ou afiam memórias borradas de seu crescimento, a maioria dos Sete ainda está embelezando para o deleite da plateia.

Quando contadas com a entrega maníaca de um Robin Williams, histórias de infância se tornam alimento para o repertório de um Sete. Fatos de partir o coração são encobertos com observações ensolaradas e o humor brilhante de que qualquer lágrima derramada é, geralmente, de tanto rir, não de chorar. O que se deve manter em mente, porém, é que, originalmente, Setes usam sua inteligência e sagacidade aguda para se proteger da verdade dolorosa. Se puderem rir disso, entreter outros membros da família ao mudar a história e repetir isso por vezes o suficiente, então, o que quer que tenha acontecido, não pode ter sido tão ruim afinal. Eles se recusam a saber o que sabem.

Setes inconscientemente contaram a si mesmos que tinham que descobrir uma forma de evitar emoções desagradáveis e a dor psicológica de eventos para além do seu controle. O clarão de sempre olhar para o mesmo lado brilhante os cegou para a realidade dura que eles se comprometeram a evitar. Toda vez que eu estive em um momento emocional difícil e conversei com um Sete, eles sempre pareceram perplexos por eu

A História do Sete

permanecer com meu mau humor. Após suas tentativas de me tirar de mim mesmo falharem, eles ficam frustrados e desistem de tentar passar algum tempo comigo. É como se a dor dos outros os lembrasse de que o mesmo abismo escuro os espera em algum lugar dentro deles.

A severidade de eventos dolorosos provavelmente variou, mas jovens Sete os amontoaram todos juntos. Se uma pontada pode levar a uma dor mais aguda e, então, a um desconforto crônico, é melhor evitar completamente esse caminho perigoso. A história que os Sete começam a criar, em primeiro lugar, é centrada na mesma reação ao medo que seus colegas, membros da mesma tríade, Cincos e Seis, encontraram. Como esses dois outros tipos, os Setes teceram seus contos quando alguma dinâmica na família de origem se complicou. Pode ter sido o divórcio dos pais, o vício da mãe ou do pai, uma mudança repentina e inesperada, ou as necessidades especiais de um irmão doente.

Em função de não terem aquilo de que precisavam, Setes assumiram a autoria de sua própria narrativa com a ardente determinação de cuidar e acalmar a si mesmos. Eles criaram a primeira história de escolha--seu-próprio-final ao se comprometerem com os finais do tipo "viveram felizes para sempre" e com aquilo em que tinham que acreditar para chegar lá. Se seus pais ou outros cuidadores não podiam oferecer aquilo de que eles precisavam, então os Setes o acharia em novas aventuras, em interesses e passatempos especiais, em ideias e conversas fascinantes e em amigos semelhantes. Com sua mente distraída saltando de pessoa em pessoa e coisa em coisa, jovens Sete disseram a si mesmos que qualquer privação poderia ser superada com distração positiva. Não importa o tipo de tragédia ou drama que acontecia ao seu redor, eles disseram a si mesmos que poderiam transformar suas histórias em comédia, farsa, aventura épica ou conto de fadas. Por meio da pura força de vontade e da força criativa da imaginação, Setes transformam *Garota Interrompida* em *A Princesa Prometida*.

Contudo, o velho ditado é verdade. Se você não viver sua história, sua história viverá você. Setes podem apenas adiar as partes dolorosas de sua vida antes que elas se tornem a fonte da triste história que trabalharam tão duro para evitar.

É uma longa lista de crenças erradas que impede com que os Sete entrem completamente em sua nova história:

- Eu não suporto me sentir entediado, preso, trancado em uma rotina ou com medo de ficar por fora.
- Eu devo ter múltiplas opções de escape.
- Se eu ficar preso em sentimentos de dor ou privação, jamais encontrarei uma saída.
- Não posso depender de ninguém — especialmente para me apoiar quando eu estiver com dor.
- Eu deveria ser excluído de ter limitações e restrições impostas a mim.
- Charme é a melhor primeira linha de defesa.
- Ninguém pode ser confiado para me satisfazer. Estou sozinho nessa.
- O que eu realmente quero não pode ser encontrado no presente momento ou dentro de mim mesmo — está sempre do lado de fora e no futuro.

Essas crenças falsas impedem que Setes adentrem a História Maior de Deus. É difícil para eles ouvir que existe um Deus que se abre para o sofrimento, que Jesus é o Servo Sofredor, que quanto mais evitamos a dor, menos nos tornamos como Ele. Mas é uma verdade salvadora para os Sete que nós temos alguém de quem podemos depender em nossos momentos de necessidade, que permanecerá conosco em períodos em que devemos caminhar com bravura em direção à dor, não contorná-la.

Possuir: A Força e a Sombra do Sete

Com seu apetite insaciável e entusiasmo com a vida, Setes têm um arsenal de forças para sobreviver. Eles geralmente veem seu papel como sendo catalisadores, alguém que injeta entusiasmo em qualquer em-

A História do Sete

preitada. Os outros gravitam em torno deles por conta de seu dom de transformar coisas negativas em positivas. Alguns anos atrás, visitei meu amigo tipo Sete no Eneagrama (com uma asa Sete) Bob Goff em sua casa à beira-mar em San Diego. Em uma tarde, estávamos na doca atrás de sua casa, quietamente aproveitando o pôr do sol. Por fim, Bob quebrou o silêncio dizendo: "Sabe, Ian, se eu alguma vez visse um tubarão, simplesmente diria a mim mesmo que é um golfinho com dentes." Entende o que quero dizer?

Ao adentrar a adolescência, Setes se encontram no centro das atenções entre os colegas, assim como adultos, professores, treinadores, recrutadores e diretores de elenco. Eles geralmente têm a postura e a qualidade de estrela para se tornarem líderes naturais — em campos esportivos, nos holofotes do teatro e em palcos de performances musicais. Os outros querem ser como eles e querem estar com eles, sabendo que os Sete irão, no mínimo, transformar tédio em balbúrdia. Mesmo se tiverem acabado de chegar na cidade, Setes sempre sabem onde acontecem as festas, ou ao menos eles podem começar uma em qualquer lugar, a qualquer momento. Sua inteligência, sagacidade e curiosidade têm um poder magnético de puxar os outros para uma viagem sem saber o destino.

Setes são espontâneos, escandalosos e inovadores quando se trata de encontrar maneiras de ser o centro das atenções, geralmente tornando-se excepcionalmente bem-sucedidos em um mundo movido por marketing, abastecido por relações públicas e acelerado por redes sociais. Por serem tão comprometidos em evitar limitações e pessimismo, eles inventam pontos de vista únicos e soluções menosprezadas. Setes são mestres em minar finais felizes do fundo da mais profunda e escura caverna de dor e desapontamento, recusando-se a enxergar valor no poder da tristeza e do lamento.

Em vez disso, Setes amam pegar algo que as pessoas acham depressivo, tedioso ou extenuante e virá-lo do avesso até encontrar o seu oposto. Eles sabem que usar esse tipo de magia força as pessoas a enxergarem o objeto em questão de forma diferente, assim como quem lança o feitiço. Esses são os comediantes de stand-up, que transformam a lista de in-

Reescrevendo a Sua História

gredientes de uma caixa de cereais em uma esquete hilária. Os gerentes que analisam a queda do número de vendas para encontrar o motivo a fim de criar uma nova proposta ou um novo produto. Os professores de idiomas que facilitam o aprendizado ao comparar gírias, expressões idiomáticas e palavrões, enquanto introduzem, astutamente, o uso, a pronúncia e a gramática.

Eu vi esse tipo de criatividade no trabalho quando um antigo pastor, Rob Bell, começou em sua primeira igreja, no início de sua carreira. Em vez de não se arriscar e olhar para as inspiradoras passagens do Evangelho do Novo Testamento, ou para as histórias testadas e aprovadas nas escolas dominicais do Antigo, Rob iniciou um estudo de Levítico com um pequeno grupo na sala de sua casa.[2] Agora, eu não sei como descrever de outra forma esse terceiro livro da Bíblia para você que não está familiarizado a não ser dizendo que não é onde a maioria dos leitores encontra conforto espiritual. Eu estaria cometendo uma tremenda injustiça se dissesse que Levítico é o equivalente bíblico ao manual de instruções para o controle remoto da sua nova TV de tela plana, mas há alguns paralelos. Basicamente, é um livro de regras e rituais para manter os princípios religiosos, legais e morais entre os hebreus, que haviam sido recentemente libertados das amarras do Egito após quatrocentos anos. Para a maioria das pessoas, ele é seco e tedioso, mas nas mãos de Rob, o Levítico ganhou vida de maneira gráfica, relevante e brilhante como nunca antes visto. As pessoas amaram, imploraram que ele continuasse e fizesse toda uma série sobre isso. E vieram aos montes, rapidamente se tornando uma quantidade muito grande para caber em sua casa.

Amante da banda Violent Femmes, do artista Bansky, de literatura rabínica, praticante de stand-up paddle e usuário de tênis couture, o sucesso de Rob como pastor, autor, palestrante e criador de eventos resultou do ato de trazer algo inesperado para seu púlpito. Ele caracterizou seu tipo no Eneagrama da seguinte forma: "Um Sete é a primeira pessoa a acreditar que a ação está em outro lugar." De certa forma, esse pensamento abriu sua mente e seu coração para a espiritualidade.

A História do Sete

— Desde jovem eu tinha um profundo senso de espanto e admiração de que há mais acontecendo aqui. O tipo básico de materialismo reducionista sempre me pareceu passar de colorido para preto e branco.

E todos sabem que preto e branco não é divertido. Apesar de sua classificação como Sete, Rob abriu os olhos para a sensação de "mais, mais, mais" da maravilha do universo. Também o enlouqueceu o fato de que "isso precisava passar pelo filtro" de uma instituição religiosa. Em vez de ceder espiritualmente à instituição, ele agarrou o microfone, reimaginando criativamente e sem cansar o que significa fazer igreja.[3]

Qualquer um que passa muito tempo com um Sete sabe que sua energia contagiante não pode ser suprimida. Eles são o Tigrão, soltos com o resto de nós, Ursinhos Pooh e burrinhos Ió, perambulando pelo Bosque dos Cem Acres. Seja mental, física, criativa ou emocionalmente, os outros tipos sempre terão dificuldades de acompanhar o ritmo. Quando Bob Goff e sua esposa, Maria, uma serena e adorável Nove, se sentaram comigo, ela disse:

— Viver com esse homem é como viver com uma usina. No minuto em que ele acorda de manhã, é como se a usina ligasse, e ele está pronto para começar. Não importa se ele pegou um resfriado, se acabou de sobreviver à malária ou se tem mil coisas para fazer no dia, ele simplesmente está pronto para isso.[4]

Maria acertou em cheio: Setes não fazem multitarefas — eles fazem *simulti*tarefas, fazendo um milhão de coisas simultaneamente, mentalmente ou fisicamente, o tempo todo. Como um advogado, filantropo, humanitário internacional, educador universitário, autor best-seller, palestrante de renome mundial e diário de viagem ambulante, Bob é um ótimo exemplo. Aquele homem tem sempre tanta coisa acontecendo, que sinto vergonha de chamar minha agenda de ocupada. Com uma energia tão ilimitada, constante atividade mental e tantos afazeres, Setes, de fato, parecem o tipo que você gostaria de ser.

Até que você bisbilhota atrás da cortina e percebe que o mago deles é tão ferrado quanto você.

Reescrevendo a Sua História

É preciso muito combustível para manter os Sete funcionando, ou ao menos essa é a história que eles contam a si mesmos. O suficiente nunca é suficiente. Eles estão sempre em busca de estímulos e de uma nova experiência, a próxima grande coisa. Tédio, calmaria e inquietação são anátemas para os Sete, então eles tendem a se comprometer demais e enchem suas agendas tanto quanto a própria mente. Cada dia deve ser cheio com tantas atividades, prazeres e paixões quanto possível. Cada unidade finita de 24 horas tem potencial para possibilidades infinitas.

Cientes de sua capacidade de fazer tanta coisa de uma vez e sempre ansiosos com o futuro, Setes parecem sempre surpresos quando o restante de nós não consegue acompanhar. Quando estou em eventos com Setes, percebo que eles às vezes ignoram a forma como os outros vivem em uma frequência vibracional diferente. A maioria das pessoas não consegue acompanhá-los e não está disposta a tentar, deixando-os concluir, mais uma vez, que eles são responsáveis por atender suas próprias necessidades.

Sobrecarregados e liderando o grupo, eles têm dificuldades de se conectar com os outros de maneiras que o restante de nós dá como certo. Especialmente cônjuges, familiares e amigos próximos, Setes ficam frustrados ao simplesmente passarem tempo juntos e não fazerem nada. Porém, parte de experimentar a intimidade humana é a habilidade de ficar em silêncio juntos, para descansar, para experimentar o presente momento com a outra pessoa. Contudo, parar para desfrutar desses momentos desliga a usina e permite que pensamentos, sentimentos e memórias desagradáveis deslizem para dentro da mente. É melhor só patinar para a frente das rachaduras e ultrapassar tudo que possa atrasá-los. Se isso deixar outros para trás e resultar em mais solidão, então é mais razão para ir mais rápido.

Setes se irritam ao serem forçados a rotinas e repetições e encontrarão uma maneira de escapar de situações de confinamento. Eles trabalham sabiamente, contornando pessoas ou sistemas que percebem que irão impor limitações sobre eles ou pedir que se adequem. Eles precisam de opções e possibilidades, passagens escondidas para fora

A História do Sete

deste mundo dentro de uma caixa dentro da qual eles, às vezes, se encontram com os outros.

Mesmo quando aparentam se adequar, Setes encontram uma forma de se rebelar. Eles são as pessoas que parecem estar tomando notas copiosas durante a conferência de trabalho obrigatória, mas que estão, na verdade, escrevendo seu romance. Eles são os funcionários novatos que organizam o bolão para o Super Bowl. Esses não são necessariamente um problema, até que os chefes ou colegas de emprego impõem sua hierarquia e exigem que eles entrem na linha. Então, Setes encontrarão uma maneira de manter a integridade da velha história que contaram a si mesmos ao procurar estímulo e escape em outro lugar — geralmente por meio de substâncias ou vícios comportamentais.

Comportamento viciante, na verdade, simboliza o tema da falsa narrativa dos Sete, uma demanda impaciente para gratificação instantânea para evitar seu medo de nunca ter o suficiente daquilo que pensam que precisam ter. Essa é a receita perfeita para o vício, se não for para o que o Eneagrama tradicional chamou de a Paixão do Sete: a *glutonaria*.

Não é necessariamente por comida, apesar de muitos serem epicuristas e comilões, mas por uma insaciabilidade em todos os seus apetites. Nada é suficiente — comida, bebida, sucesso, sexo, fama e símbolos de status. A trágica ironia, é claro, é que, quanto mais eles jogam para dentro do buraco vazio que têm dentro de si, mais fundo ele fica. Frustrados por não conseguirem mais manter sua sombra suprimida, Setes se tornam imprudentes e fora de controle, cambaleando entre extremos de comportamentos maníacos e ansiedade.

Por mais incríveis, criativos, dinâmicos, inspiradores e inovadores que possam ser, não há como eles manterem essas qualidades sem avaliar os custos e confrontar sua sombra. Encarar seus defeitos de caráter é um trabalho desconfortável e assustador para pessoas que querem evitar a dor. "O que você mais quer encontrar", como foi dito, "será encontrado em lugares onde você menos quer procurar".[5]

Reescrevendo a Sua História

Despertar: Avaliando o Custo

Se não for uma queda para o vício que leva os Sete até um ponto de ruptura, então é porque eles enfrentam uma experiência que podem reformular de forma positiva. Cedo ou tarde, eles baterão na parede, o que os obrigará a serem autoconscientes e cuidarem de si mesmos. Não é uma questão de *se*, mas simplesmente de *quando*. Pode ser um gatilho acionado por uma doença ou lesão no seu corpo superestressado, porém pouco cuidado, o colapso de vários projetos ou empreendimentos de uma vez, ou simplesmente o tipo de fadiga mental que acontece quando os circuitos fritam depois de sempre rodarem na capacidade máxima. Fracassos em relacionamentos e confrontos ou intervenções de cônjuges e amigos às vezes forçam os Sete a finalmente fazerem o trabalho interno que vêm contornando a vida toda.

Além do descanso, da quietude e da reflexão, chegar a um acordo com sua instabilidade também é primordial. Rob Bell explicou:

— Nós, Setes, simplesmente pensamos que podemos chegar lá. Se conseguirmos fazer isso ou conquistar aquilo... — Então eles seriam felizes, em teoria. Porém, Rob sabe que é uma miragem. — É como a música do Jay-Z, "Onto the Next One", é viver em antecipação da próxima dopamina.

Às vezes, experimentar muito e muito rápido pode ser o verdadeiro lado positivo para os Sete, não somente sua virada em um colapso.

— De certa forma, eu fui abençoado com... o que é visto como um tremendo sucesso precoce — explicou Rob.

Ele teve uma "ruptura emocional bem cedo", quando começou a se perguntar: *Para onde vai isso?* Ele estava encontrando mais pessoas, viajando mais, recebendo mais honrarias, "e nada disso iria embora. Era pior do que nunca." Com o tempo, Rob reconheceu a chave para a mudança de sua história como um Sete bem-sucedido, porém triste:

— Na verdade, eu estava perdendo na vida com tudo que é visto do lado de fora como um sucesso. Eu estou perdendo. Perdendo.

Como resultado do despertar para sua velha história, Rob, como todos os Sete evoluídos, começou a fazer novas escolhas que o forçaram a reduzir opções e focar o que ele faz de melhor e com que mais se importa. Setes sabem que estão amadurecendo quando param para respirar e começam a dizer "não" para si mesmos sem arrependimento ou dúvida. Tomando tempo para examinar a própria vida, eles se entendem com as perdas importantes e traumas ignorados. Eles lamentam o que não tiveram na infância e deveriam ter e aceitam que não há nada que possam fazer para mudar o passado. Eles percebem que não há nada no mundo que os preencherá — nem passar tempo com o Dalai Lama, escalar o Everest, começar outro canal no YouTube, fazer o *Camino de Santiago* ou comprar mais calçados de estilistas.

Infelizmente, muitos Setes não avaliam o custo de suas velhas histórias até que rompam o vínculo. Eles atingem o fundo do poço. Seu cônjuge ou parceiro o deixa por alguém mais profundo, mais disposto a refletir e construir intimidade. Seu corpo demanda descanso e atenção. Contudo, uma vez que contornam a esquina, Setes desfrutam do balanço que vem com a aceitação de todas suas emoções e experiências. Eles descobrem que rotinas e estrutura podem estimular o crescimento, tanto quanto mudança e inovação. Eles percebem o quanto podem dar aos outros se estiverem dispostos a pisar no freio e focar.

Uma vez que estiverem dispostos a começar sua nova história, Setes percebem que a real aventura apenas começou.

Reescrever: Crie Sua própria História

A Sir Richard Branson vem sendo atribuída a frase: "Se a felicidade é o objetivo — e ela deveria ser —, então a aventura deveria ser a prioridade." Falando como um verdadeiro Sete que conquistou os negócios e tem os olhos focados na viagem espacial. Porém, Setes não precisam ir para a lua para criar espaço para sua nova história. Uma vez que estiverem dispostos a examinar suas configurações padrão, diminuir os passos interna e externamente e experimentar o presente momento, eles descobrirão a paz que anteriormente os escapou. Eles descobrem que a maior aventura se encontra dentro deles. Uma forma de pensar sobre isso é que Setes geralmente têm medo de ficar fora da próxima aventura,

Reescrevendo a Sua História

da próxima oportunidade, da próxima experiência. Mas Setes com uma nova história percebem o que Rob Bell disse: o que nós queremos já está aqui, e perderemos se não olharmos para dentro.

Frequentemente há um componente profundamente espiritual em suas novas histórias, o que acredito ser necessário para a transformação de todos os tipos, mas especialmente para os Sete. Setes vivendo a História Maior acreditam que Deus os apoiará quando situações e sentimentos difíceis surgirem. Eles percebem que não estão sozinhos e que as outras pessoas, na verdade, suprem muitas de suas necessidades. O maior não é mais o melhor, e a inovação nem sempre supera a tradição. Com o jejum da sobrecarga de estímulo da qual eles dependiam, Setes amadurecidos saboreiam sua sensação de se tornarem presentes sem distração. Shauna Niequist expressou essa sensação de forma linda:

— É quase sempre saudável quando eu digo: "Eu consigo ficar sem isso. Eu escolho não fazer aquilo. Escolho desacelerar, escolho qualidade, em vez de quantidade. Escolho me conectar com um, em vez de com vários."

Shauna está descrevendo o aspecto marcante da Virtude dos Sete, que é a sobriedade. Sobriedade não soa muito divertida, conjurando imagens sombrias ou abstêmios puritanos que querem estragar a festa. Porém, sobriedade é a forma de liberdade dos Sete. É sobre resistir à constante tentação por mais, mais, mais e descansar na noção de que já há o suficiente. Como a professora e autora de Eneagrama Alice Fryling descreve, a "sobriedade significa pegar apenas aquilo de que você precisa".[6] Pessoas sóbrias não fogem da dor, mas a reconhecem como um fato da vida que as fazem apreciar ainda mais a alegria.

Visto que evitar a dor é uma forma de viver de Setes não evoluídos, honrar a dor com um lugar à mesa exigirá uma atitude voluntária de *agere contra*. Mas, à medida que Setes descobrem a liberdade que vem ao aceitar a dor e o sofrimento como parte da vida, eles se tornam indivíduos vibrantes com ainda mais atrativos. Eles já não têm que ser o centro das atenções e podem ouvir os outros e manter o espaço com eles em meio a uma perda ou angústia. Esses Setes com novas histórias não precisam entreter ou divertir os outros que estão passando por dificuldades, mas podem estar ao seu lado. Eles tiram tempo para si mesmos e praticam estar presentes. O descanso e o Sabá se tornam partes de suas rotinas para restaurar e manter o balanço. Ao viver sua nova história, o Sete é um grande agente da criação e da curiosidade. Ele continua a maravilhar o resto de nós com seu humor espontâneo e suas ideias brilhantes. Seu espanto infantil desperta esperança em nós.

Ideias para a Nova História do Sete

Setes realizados têm uma profundidade e uma aura em suas novas histórias que os ajudam a experimentar a riqueza da vida e a gama completa das emoções humanas. Eles já não estão mais correndo deles mesmos, da dor, da verdade. Eles aceitaram que não há nada que este mundo possa oferecer que preencha a fome dentro de seu próprio coração. A glutonaria e o vazio foram substituídos pela sobriedade, pelo alimento espiritual e pelo serviço ao próximo. Eles abraçam o sofrimento dos outros como se fosse o seu próprio e oferecem uma nova força descoberta que não precisa de palavras ditas. No fim, eles podem simplesmente ser.

Se você é um Sete que está procurando esse tipo de paz, comece com o básico. Faça um inventário honesto dos excessos para os quais você foge — comer, beber, colecionar, comprar, viajar, apostar, usar o Instagram, ou o que quer seja seu escape, em vez de sentir desapontamento, dor, medo e ansiedade. Faça um plano para praticar a moderação que inclui o apoio e a transparência das outras pessoas.

Encontre uma maneira de praticar a solidão ao se afastar dos outros e ficar sozinho consigo mesmo. Use o tempo dedicado às distrações para se firmar no presente e considere o que sua vida significa e o que você quer que ela signifique. Tente escrever em um diário, de duas a três vezes por semana, e foque os sentimentos, as situações e os conflitos desconfortáveis que você tem evitado. Descreva-os abertamente, de forma honesta, sem ser engraçado, irônico, sarcástico, divertido ou profundo. Seu diário não é para um público. Não se surpreenda se descobrir que

Reescrevendo a Sua História

todos os medos que você vem suprimindo estão subindo para a superfície. Apenas reconheça-os e saiba que eles são normais.

Se, como muitos Setes, sua energia o faz sinalizar para muitas direções, parte de cultivar a sobriedade é trabalhar em estar conscientemente presente para uma coisa ou pessoa de cada vez. À medida que considera tudo na sua lista de tarefas a cada manhã, escolha três prioridades para completar antes de seguir para as outras. Empurre o resto para a lista de outro dia. Ao final do dia, examine sua lista outra vez e se orgulhe do que completou.

Pratique hábitos que o ajudam a seguir em frente, em vez de correr para a frente. Termine o livro que começou a ler antes de iniciar outro. Não compre outro par de tênis de corrida até que o par que comprou antes esteja desgastado. Complete aquele conto antes de mergulhar no romance que quer escrever.

Também, comprometa-se a fazer exercícios físicos regulares para queimar a energia e acalmar sua mente. Exercícios com movimentos repetitivos — natação, fazer trilha, andar de bicicleta, surfar, stand-up paddle, remo — são ótimos para permitir que sua mente relaxe e organize sua usual conversa mental.

Saiba que, em seus relacionamentos mais íntimos, você tem muito a oferecer aos outros, além de ser a diversão da festa. Na próxima vez que começar a animar alguém com seu charme e humor, pare e respire fundo. Pense por um momento se animar-se é realmente algo de que aquela pessoa precisa naquele momento. Considere ouvir, aceitar e confortá-la sem usar nada da sua bolsa de truques.

Com uma vontade de refletir e redirecionar seu foco, Setes com novas histórias descobrem a força de confrontar e processar sua tristeza e dor. Eles não evitam mais confrontos ou resistem a aceitar a culpa e ter a responsabilidade. Eles demonstram uma sabedoria embasada que os permite levantar com segurança, sem precisar correr daquilo de que não poderiam escapar. À medida que os Sete crescem e cooperam com a jornada da nova narrativa, eles começam a escrever uma história digna de seu verdadeiro eu.

A História Maior
Nós Vivemos Consertando

"Todas as minhas pessoas favoritas são quebradas. Acredite em mim. Meu coração deve saber."
— Over the Rhine

Alguns anos atrás, meu amigo, o artista Mako Fujimura, me presenteou com um dos presentes mais extraordinários que já recebi — uma xícara de chá quebrada do século 19. *Que amigo,* você deve pensar consigo mesmo. *Ele também te deu flores mortas?*

Contudo, aquela não era uma peça de cerâmica comum.

Cento e cinquenta anos atrás, o abatido dono dessa xícara quebrada a levou para um artesão mestre, que a reparou usando o antigo método de *kintsugi,* a arte japonesa de restaurar a cerâmica usando laquê de árvore com ouro em pó fino.

A xícara de chá tirou meu fôlego. Em vez de disfarçar as rachaduras, que eram como teias, o artesão as preencheu com ouro cintilante, como que para destacá-las e celebrá-las. Paradoxalmente, o resultado foi uma xícara transformada em algo mais resiliente e bonito do que antes de ser quebrada. De acordo com a tradição, o grato dono levaria a xícara para casa e a exibiria com orgulho em um lugar de honra, onde ela poderia ser vista e admirada por visitantes.

"O homem nasceu quebrado. Ele vive se consertando. A graça de Deus é a cola." É isso que o dramaturgo Eugene O'Neill disse uma vez através de um personagem da peça *O Grande Deus Brown*. E ele estava certo. Assim como a xícara danificada, todos nós somos quebrados. Está tudo bem. Não é nossa culpa. O mundo é assim. Porém, há uma boa notícia — como um mestre do kintsugi, Deus pode juntar as fissuras em nosso coração ao preenchê-las com a graça restauradora. Ele pode nos fazer "melhores que novos".

A História Maior

Há pouco tempo, fui convidado para palestrar na conferência de uma grande igreja sobre como os líderes de louvor modernos poderiam incorporar liturgia antiga e sacramentos em seus sermões de domingo. Terminei minha palestra com uma celebração da Eucaristia, demostrando como a Santa Comunhão poderia ser modernizada e conduzir as pessoas à presença de Deus. Mas, para ser honesto, eu me perguntei se minha apresentação se conectaria com 1.500 líderes de louvor que estavam acostumados a performar um repertório de quatro louvores, acompanhados de bandas incríveis, em palcos com luzes de arena e as letras projetadas em telões.

Porém, como se constatou, a experiência foi profundamente emocionante para mim e a calça jeans skinny que passei a amar em três dias. Ao final do culto, caminhei pelo auditório para expressar minha gratidão e me despedir dos participantes da conferência. Mas então olhei para o palco onde presidi a Eucaristia e percebi que o resto do pão da Comunhão não estava mais na mesa. Eu fiquei apavorado.

Na tradição Episcopal, o pão consagrado da comunhão é considerado sagrado e precisa ser consumido pelo pastor, ou cuidadosamente partido

A História Maior

e, com reverência, devolvido ao solo. Quando perguntei ao organizador da conferência onde estava o pão, ele disse:

— Acho que o pessoal do palco jogou fora.

Jesus tinha saído daquele prédio.

Dois minutos depois, eu estava no fundo de uma lixeira, chapinhando em água fétida, enquanto um grupo de pastores não denominacionais me observava resgatar pães redondos da comunhão, inchados e boiando como rolhas de vinho em um mar de suco de lixo. Eu estava um pouco mal-humorado.

Mas, então, me toquei. Claro, Jesus estava no lixo — essa é a cruz da História Maior de Deus! É a verdadeira história de um Deus que voluntariamente mergulhou em nosso mundo sucumbido, comumente parecendo uma lixeira, para nos restaurar e redimir. Apesar de ainda suportarmos as rachaduras e cicatrizes da vida, Deus as preenche com um amor exuberante, fazendo-nos resplandecer. Agora, como Cristo, trespassado e ressurreto, podemos mostrar com orgulho nossas feridas curadas para as pessoas do mundo e anunciar que elas também podem ser restauradas.

Porém, qual é nossa parte nessa barganha? Ver e desconstruir a velha história que contamos a nós mesmos sobre nós mesmos. Ter nossa beleza e nosso quebrantamento, despertar para as formas pelas quais nossas histórias nos limitavam e, corajosamente, reescrever uma narrativa que se alinha e se encaixa dentro da maior e redentora História de Deus.

Porém, tem mais.

Como meu mentor, Jack disse que a transformação começa quando nós "deixamos Deus fazer por nós aquilo que não podemos fazer nós mesmos". Permitir que a graça descarregue nossas histórias de infância fragmentadas e arcaicas parece diferente para cada tipo.

Quando Melhoradores encontram um lar na História Maior, eles percebem que o amor de Deus por eles não se baseia em suas conquistas e em aperfeiçoar a si mesmos, aos outros e ao mundo. Essa é a premissa básica de sua velha e devastadora narrativa. Eles saberão que estão vivendo em uma nova história quando se tornarem mais conscientes da

Reescrevendo a Sua História

Paixão da raiva que governou suas vidas e, naturalmente, começarem a experimentar a Virtude da serenidade, que vem quando eles aceitam que o mundo é "perfeitamente imperfeito". Assim como eles. Podem ser tanto destroçados quanto redimidos. Sejam encorajados Melhoradores: quase todos seus erros são contravenções, não crimes! Como Julia Child disse uma vez: "Se você estiver sozinho na cozinha e derrubar o cordeiro, pode se abaixar e pegar de volta. Quem vai saber?"[1]

Prestativos que vivem a História Maior de Deus sabem que o amor d'Ele e o amor dos outros não pode ser conquistado por meio de doações estratégicas. Esse é o seu desgastado mito que contaram a si mesmos. Eles acreditam na promessa de que Deus ama (e gosta) deles sem nenhum termo. Prestativos, que encontraram seu lar na História de Deus, despertaram do transe de sua Paixão, o orgulho, e aprenderam a praticar a Virtude da humildade. Eles admitem isso livremente e, como os demais, precisam de ajuda para navegar pela vida e não têm recursos para ajudar ou resgatar a todos. Eles se lembram de que Jesus até tirava sonecas. Eles podem descansar.

Performáticos na História Maior de Deus estão finalmente convencidos de que seu valor não vem de produtividade sem fim, de conquistar objetivos ou a admiração da multidão. Performáticos com novas histórias não são mais assombrados pela pergunta: "O que mais tenho que conquistar antes que eu possa saber que sou querido por Deus e pelos outros?"

Agora eles confiam na declaração de Deus, "Eu te amo: eu quero que você seja", como Santo Agostinho escreveu. Por terem rejeitado o canto das sereias de sua Paixão, o engano, e cultivado a Virtude da autenticidade, Performáticos restaurados não mascaram mais seu verdadeiro eu para enganar o mundo a acreditar que eles são o paradigma do sucesso. Eles saborearam a alegria da autenticidade. Eles estão em casa.

Românticos vivendo na História Maior de Deus sabem que são vistos e merecedores de pertencimento. Eles afrouxaram as garras dos sentimentos de insuficiência e abandono. Sua missão em busca da inominável "peça perdida" é passado. Agora eles revelam sua qualidade original

A História Maior

e completude. Românticos vivendo na História Maior de Deus continuamente deixam a Paixão da inveja — comparando-se aos outros e se sentindo inferiores. Porque eles já não se identificam demais com seus sentimentos grandes demais, podem praticar a Virtude da equanimidade. Agora permanecem firmes e calmos na ventania da tempestade da vida. Estão finalmente dispostos a ser felizes.

Na História Maior de Deus, os Investigadores percebem que se recolher para a fortaleza de sua mente não os dará a segurança definitiva ou os salvaguardará contra as demandas desgastantes de nosso mundo intrusivo. À medida que caminham para longe da Paixão da avareza e abraçam a Virtude do desapego, eles já não são mais reféns do medo de não terem energia e recursos para viver plenamente. Eles não estão mais apegados às crenças, aos comportamentos ou aos objetos que usaram para acreditar que os protegeriam: minimizando suas necessidades, limitando o tempo que passavam com as pessoas ou acumulando conhecimento, privacidade, recursos materiais, informação pessoal e espaço físico. Na História Maior de Deus, eles renunciaram sua mentalidade escassa e se conectaram à abundância encontrada na interconexão de todas as coisas.

Quando Leais abandonam sua velha história e entram na História Maior de Deus, eles levam a sério as palavras de Frederick Buechner: "Aqui está o mundo. Coisas belas e terríveis acontecerão."[2] Na nova história, os Leais soltam o aperto da Paixão do medo e abraçam a Virtude da fé. Agora eles são confiantes de que Deus os segura em suas mãos *e* estão certos de que têm a sabedoria interior e a força para enfrentar os perigos da vida também. Leais em novas histórias são mais decisivos e não dependem de outras pessoas ou coisas para os guiarem. Eles têm a fé em Deus e neles mesmos.

Entusiastas que vivem a História Maior de Deus não sentem mais um vazio interior que precisa ser desesperadamente preenchido com mais (e mais e mais) para evitar sentir dor. Eles sabem, conscientemente, da Paixão da glutonaria e programam sua visão para o cultivo da Virtude da sobriedade. O desejo inflamado por estímulo intelectual, fa-

Reescrevendo a Sua História

çanhas divertidas, experiências emocionantes e diversão se esfriou. Esses Entusiastas em novas histórias estão aprendendo a viver na verdade do presente momento. Explorar a gama completa dos sentimentos e experiências humanas — ambos agradáveis e dolorosos — está se provando ser a maior aventura de todas.

Desafiadores que vivem a História Maior de Deus viram e aceitaram como a Paixão da luxúria os controlava. Agora, em vez de se mover contra os outros, eles se movem bravamente na direção deles com um coração imune. Sem ter mais medo de experimentar outra vez a dor do passado, Desafiadores em novas histórias descartam a Paixão da luxúria e abraçam a virtude da inocência. Como crianças, eles se abrem para o mundo, experimentando o simples prazer de estarem vivos, e trocam sua própria obstinação para conhecer e seguir a vontade do Divino.

Pacificadores que vivem a História Maior de Deus sabem que eles importam. Em vez de se misturarem com a agenda de outro indivíduo ou de um grupo, esses Pacificadores se tornam seres humanos individualizados com uma clareza afiada marcada em suas próprias vozes, em seus próprios desejos, em suas próprias performances e prioridades. Esses Pacificadores já não se embaralham pelo mundo na Paixão da preguiça, mas caminham a passos largos para a Virtude da ação correta. Agora eles investem em seu desenvolvimento próprio. Em vez de se afastarem do conflito, eles apreciam o poder de criar conexões. Eles abençoam o mundo com sua presença tranquila.

Abandonar nossa velha história e entrar na História Maior de Deus é um trabalho árduo. Leva tempo. Você pode ser tentado a olhar para trás com arrependimento de todos os anos que passou vivendo sua ficção infeliz e acreditando em mentiras sobre si mesmo e o mundo que causou tanta dor a você e aos outros. Quando isso acontecer, lembre-se das palavras de Maya Angelou: "Perdoe a si mesmo por não saber o que não sabia antes de ter aprendido."[3] Frequentemente encontro consolo nessas palavras.

A História Maior

Finalmente, acredite, não somente em Deus, mas também em si mesmo. Você pode fazer isso. Quando o medo de se desfazer de sua velha, porém ainda confortável, história lhe sobrecarregar, ou quando se preocupar com o fato de que talvez falhe nessa empreitada sagrada, lembre-se: "Aquele no qual estou me tornando irá me segurar."[4]

Há uma oração que é como um mantra e que eu gosto de sussurrar sobre todas as pessoas que vejo passar por mim nas ruas da minha cidade natal, Nashville. Eu a repito para colegas viajantes enquanto caminho por aeroportos lotados. Eu a entono em cafés e a estendo a pessoas que me cortam na rodovia. E agora eu invoco essa benção modificada sobre todos nós, à medida que embarcamos em nossa missão para viver a maior, melhor e mais verdadeira história que nos espera.

Que tenhamos amor.

Que tenhamos alegria.

Que tenhamos paz.

Que tenhamos cura.

Que tenhamos descanso.

E que a libertação de nossas velhas histórias para a liberdade de nossa História Maior seja uma jornada repleta de esperança e fé renovada na possibilidade de uma transformação irreversível.

NOTAS

Capítulo 1: As Histórias que Contamos

1. Da tradução de Robert Bly do poema de Johann Wolfgang von Goethe "Holy Longing", em *Eight Stages of Translation: With a Selection of Poems and Translations* (Chicago: Rowan Tree, 1983).

2. Ian Morgan Cron e Suzanne Stabile, *The Road Back to You: An Enneagram Journey to Self-Discovery* (Downers Grove, IL: InterVarsity Press, 2016). Para ouvir meu podcast, *Typology*, visite typologypodcast.com.

3. Carl Jung, *Collected Works of C. G. Jung, vol. 8: Structure and Dynamics of the Psyche* (Princeton, NJ: Princeton Univ. Press, 1976, 2014), parágrafo 784.

4. Mo Willems, *Goldilocks and the Three Dinosaurs* (Londres: Walker Books, 2012).

Capítulo 2: Mudando a Sua História

1. A entrevista de Donald Miller foi editada por motivos de tempo e legibilidade, tal como todos os outros trechos do *Typology*. A conversa original pode ser encontrada na temporada 2, episódio 14, 1º de novembro de 2018, https://www.typologypod cast.com/podcast/2018/28/06/episode2–014/donmiller; e temporada 2, episódio 15, 8 de novembro de 2018, https://typology.libsyn.com/part-2-don-miller-on-directing-your--new-story-enneagram-3-s02–015.

2. Prefácio de Donald Miller para Scott Hamilton, *Finish First: Winning Changes Everything* (Nashville, TN: Thomas Nelson, 2018), xi.

3. James Hollis, *Finding Meaning in the Second Half of Life: How to Finally, Really Grow Up* (Nova York: Penguin, 2005), capítulo 1.

4. Cynthia Bourgeault, *The Wisdom Way of Knowing*, citada por Beatrice Chestnut, *The Complete Enneagram: 27 Paths to Greater Self-Knowledge* (Berkeley, CA: She Writes Press, 2013), 38–39.

Notas

5. "Paixão", Dicionário de Etimologia Online, https://www.etymonline.com /word/passion. O professor de Eneagrama Christopher L. Huertz também faz essa observação em *The Sacred Enneagram: Finding Your Unique Path to Spiritual Growth* (Grand Rapids, MI: Zondervan, 2017), 76.

6. Oscar Ichazo, *Enneagram of the Passions* and *Enneagram of the Virtues*, explicou em "The Traditional Enneagram", https://www.enneagraminstitute.com/the-traditional-enneagram. Substituí para "autenticidade" para os Três, em vez de "veracidade", como na versão de Ichazo.

7. Entrevista de Chris Cruz, *Typology*, Temporada 2, episódio 16, 15 de novembro de 2018, https://www.typologypodcast.com/podcast/2018/15/11/episodes02–016/chriscruz.

8. Entrevista de Julianne Cusick, *Typology*, Temporada 1, episódio 49, 21 de junho de 2018, https://www.typologypodcast.com/podcast/2018/21/06/episode49/juliannecusick.

9. Sou um grande fã do livro de Gail Saltz, *Becoming Real*, e utilizo algumas de suas ideias aqui, juntamente com esses vários sábios professores de Eneagrama e algumas ideias minhas. Veja Saltz, *Becoming Real: Defeating the Stories We Tell Ourselves That Hold Us Back* (Nova York: Riverhead Books, 2004), especialmente o capítulo 11.

10. Edmund Lo, "*Agere Contra*: Why Go the Opposite Way?", Ibo et Non Redibo: A web-log of Canadian Jesuits, 2 de abril de 2014, http://www.ibosj.ca/2014/04/agere-contra-why-go-opposite-way_2.html.

Capítulo 3: A História do Oito

1. Eu não ousaria diagnosticar minha mãe retroativamente, porém, suspeito que seu atraso na fala pode ter sido causado por trauma.

2. Veja "Einstein Syndrome: Characteristics, Diagnosis, and Treatment", por Dorian Smith-Garcia, medicamente revisado por Karen Gill, em *Healthline*, https://www.healthline.com/health/einstein-syndrome#what-it-is.

3. O debate de natureza-cuidado tem sido longo e controverso. Acredito que a formação da personalidade humana é um encontro dos dois.

4. Ian Morgan Cron, *Chasing Francis: A Pilgrim's Tale* (Colorado Springs, CO: NavPress, 2006), 68.

5. Cron, *Chasing Francis*, 67.

6. Entrevista de Sasha Shillcutt, *Typology*, Temporada 4, episódio 29, 7 de janeiro de 2021, https://www.typologypodcast.com/podcast/2021/07/01/episode04-029/sashashillcutt.

7. Viktor E. Frankl, *Man's Search for Meaning* (Mumbai, Índia: Better Yourself Books, 2003), 64.

Notas

8. Helen Palmer, *The Enneagram: Understanding Yourself and the Others in Your Life* (San Francisco: HarperOne, 1988), 316.

Capítulo 4: A História do Nove

1. Entrevista de Mike McHargue, *Typology*, Temporada 1, episódio 23, 14 de dezembro de 2017, https://www.typologypodcast.com/podcast/2017/14/12/episode23/sciencemike.

2. Entrevista de Chris Gonzalez (painel dos Nove), *Typology*, Temporada 1, episódio 7, 17 de agosto de 2017, https://www.typologypodcast.com/podcast/2017/08/17/episode7/panelof9s.

3. Entrevista de Audrey Assad, *Typology*, Temporada 4, episódio 34, 11 de fevereiro de 2021, https://www.typologypodcast.com/podcast/2021/11/02/episode04-034/audreyassad.

4. Entrevista de William Paul Young, *Typology*, Temporada 1, episódios 36 e 37, 22 e 29 de março de 2018, https://typology.libsyn.com/036-wm-paul-young and https://www.typologypodcast.com/podcast/2018/29/03/episode37/paulyoung.

5. Conversa ao telefone entre Seth Abram e Jana Riess, 8 de março de 2021. Encontre Seth em *Fathoms: An Enneagram Podcast*, https://fathoms.podbean.com/.

6. Alina Bradford, "Sloths: The World's Slowest Mammals," Live Science, 26 de novembro de 2018, https://www.livescience.com/27612-sloths.html.

7. Leis de Newton, https://www1.grc.nasa.gov/beginners-guide-to-aeronautics/newtons-laws-of-motion/.

8. Entrevista de Anne Bogel, *Typology*, Temporada 1, episódio 32, 22 de fevereiro de 2018, https://www.typologypodcast.com/podcast/2017/22/02/episode32/annebogel.

Capítulo 5: A História do Cinco

1. Amy Julia Becker, *A Good and Perfect Gift: Faith, Expectations, and a Little Girl Named Penny* (Minneapolis, MN: Bethany House, 2011), 57.

2. Entrevista de Amy Julia Becker, *Typology*, Temporada 2, episódio 23, 3 de janeiro de 2019, https://www.typologypodcast.com/podcast/2018/03/01/episode02-023/ajbecker. Para mais informações sobre *gastroparesia*, veja https://www.mayoclinic.org/diseases-conditions/gastroparesis/symptoms-causes/syc-20355787.

3. Amy Julia Becker, *A Good and Perfect Gift: Faith, Expectations, and a Little Girl Named Penny* (Minneapolis, MN: Bethany House, 2011), 33.

4. Entrevista de Lee Camp, *Typology*, Temporada 1, episódio 5, 3 de agosto de 2017, https:// www.typologypodcast.com/podcast/2017/08/03/episode5/leecamp.

5. Julianne Cusick, em e-mail para o autor, 20 de maio de 2021.

6. Richard Rohr e Andreas Ebert, *The Enneagram: A Christian Perspective*(Nova York: Crossroad Publishing, 1989, 2018), 61.

185

Notas

7. Entrevista de Richard Rohr, *Typology,* Temporada 1, episódio 15, 12 de outubro de 2017, https://www.typologypodcast.com/podcast/2017/10/12/richard-rohr-part2.

8. Anne Lamott, *Bird by Bird*, 25th Ann. Ed. (Nova York: Anchor, 2007), 236.

9. Brené Brown, *The Gifts of Imperfection: Let Go of Who You Think You're Supposed to Be and Embrace Who You Are* (Center City, MN: Hazelden Publishing, 2010).

10. Elizabeth Gilbert, *Big Magic: Creative Living Beyond Fear* (Nova York: Riverhead Books, 2016), 26.

Capítulo 6: A História do Dois

1. Entrevista de Al Andrews, *Typology,* Temporada 3, episódio 16, 14 de novembro de 2019, https://www.typologypodcast.com/podcast/2019/14/11/episode03-016/alan-drews.

2. Entrevista de Beatrice Chestnut, *Typology,* Temporada 2, episódio 41, 9 de maio de 2019, https://typology.libsyn.com/bonus-replay-beatrice-chestnut-s02-041.

3. Entrevista de Lisa-Jo Baker, *Typology,* Temporada 3, episódio 25, 16 de janeiro de 2020, https://www.typologypodcast.com/podcast/2020/16/01/episode03-025/lisa-jo-
-baker.

4. Alice Fryling, *Mirror for the Soul: A Christian Guide to the Enneagram* (Downers Grove, IL: InterVarsity Press, 2017), 58.

Capítulo 7: A História do Três

1. Entrevista de Lisa Whelchel, *Typology,* Temporada 1, episódio 20, 16 de novembro de 2017, https://typology.libsyn.com/episode-20-becoming-lisa-welchel. O trecho foi levemente editado para legibilidade.

2. "Lisa Whelchel Relembra Seus Dias no Clube do Mickey," 28 de abril de 2019, https://www.youtube.com/watch?v=MqGURrCRqBk.

3. Entrevista de Jeff Goins, *Typology,* Temporada 1, episódio 8, 24 de agosto de 2017, https://www.typologypodcast.com/podcast/2017/08/24/episode8/jeffgoins.

4. Don Richard Riso e Russ Hudson, *The Wisdom of the Enneagram: The Complete Guide to Psychological and Spiritual Growth for the Nine Personality Types* (Nova York: Bantam Books, 1999), 163.

5. Gail Saltz, *Becoming Real: Defeating the Stories We Tell Ourselves That Hold Us Back* (Nova York: Riverhead Books, 2004), 167.

Capítulo 8: A História do Quatro

1. Entrevista de Ryan Stevenson, *Typology,* Temporada 3, episódio 3, 19 de agosto de 2019, https://www.typologypodcast.com/podcast/episode03-003/ryanstevensonbestof.

Notas

2. Entrevista de Tori Kelly e Andre Murillo, *Typology*, Temporada 3, episódio 49, 2 de julho de 2020, https://www.typologypodcast.com/podcast/2020/02/07/episode04-001/toriandandre.

3. Entrevista de Russell Moore, *Typology*, Temporada 3, episódio 39, 23 de abril de 2020, https://www.typologypodcast.com/podcast/2020/23/04/episode03-039/russellmoore.

4. Entrevista de Tsh Oxenreider, *Typology*, Temporada 1, episódio 4, 27 de julho de 2017, https://typology.libsyn.com/episode-4-tsh-oxenreider-the-art-and-angst-of-living-an-unconventional-life.

5. Entrevista de Ashley Cleveland, *Typology*, Temporada 1, episódio 48, 15 de junho de 2018, https://www.typologypodcast.com/podcast/2018/13/06/episode47/ashley cleveland.

6. Esse parágrafo foi extraído do *Typology*, Temporada 1, episódio 39, "May the Fours Be With You," 12 de abril de 2018, https://www.typologypodcast.com/podcast/2018/05/04/episode39/part1fours.

7. Entrevista de Andrew Peterson, *Typology*, Temporada 3, episódio 15, 7 de novembro de 2019, https://www.typologypodcast.com/podcast/2019/07/11/episode3-015/andrewpeterson.

Capítulo 9: A História do Cinco

1. Entrevista de Kenny Benge, podcast *The Road Back to You*, Temporada 1, episódio 31, 3 de maio de 2017, https://podcasts.apple.com/us/podcast/gift-thinking-kenny--benge-enneagram-5-investigator/id1130747626?i=1000385082807.

2. Entrevista de Kenny Benge, *Typology*, Temporada 1, episódio 17, 26 de outubro de 2017, https://www.typologypodcast.com/podcast/2017/10/26/episode17/panelof5s.

3. Entrevista de Lori Chaffer, *Typology*, Temporada 1, episódio 17, 26 de Outubro, 2017, https://www.typologypodcast.com/podcast/2017/10/26/episode17/panel of5s.

4. Entrevista de Kenny Benge, *Typology*, Temporada 1, episódio 17, 26 de outubro de 2017, https://www.typologypodcast.com/podcast/2017/10/26/episode17/panel of5s.

5. Don Richard Riso e Russ Hudson, *The Wisdom of the Enneagram: The Complete Guide to Psychological and Spiritual Growth for the Nine Personality Types* (Nova York: Bantam Books, 1999), 217.

6. Entrevista de Andy Root, *Typology*, Temporada 1, episódio 19, 9 de novembro de 2017, https://typology.libsyn.com/episode-19-andy-root.

7. James Joyce, "A Painful Case", em *James Joyce: A Critical Guide*, editado por Lee Spinks (Edimburgo, Reino Unido: Edinburgh University Press, 2009), c.

8. Entrevista de Joel Miller, *Typology*, Temporada 1, episódio 17, 26 de outubro de 2017, https://www.typologypodcast.com/podcast/2017/10/26/episode17/panel of5s.

Notas

9. Entrevista de Dan Haseltine, *Typology*, Temporada 2, episódio 38, 18 de abril de 2019, https://www.typologypodcast.com/podcast/2019/17/04/episodes02-038/danhaseltine.

10. Entrevista de Tim Mackie e Jon Collins, *Typology*, Temporada 2, episódio 5, 30 de agosto de 2018, https://www.typologypodcast.com/podcast/2018/08/30/episode-s02-005/thebibleproject.

11. Helen Palmer, *The Enneagram: Understanding Yourself and the Others in Your Life* (San Francisco: HarperOne, 1988), 231.

Capítulo 10: A História do Seis

1. Entrevista de Jill Phillips, *Typology*, Temporada 1, episódio 10, 7 de setembro de 2017, https://www.typologypodcast.com/podcast/2017/09/07/episode10/panel of6s.

2. John Mulaney, áudio de "Street Smarts," https://www.youtube.com/watch?v=bX-fUsXM01UE.

3. Entrevista de Sarah Thebarge, *Typology*, Temporada 1, episódio 35, 15 de março de 2018, https://www.typologypodcast.com/podcast/2018/15/03/episode35/sarahthebarge.

4. Bessel van der Kolk, *The Body Keeps the Score: Brain, Mind, and Body in the Healing of Trauma* (Nova York: Penguin Books, 2014).

5. Entrevista de Francie Likis, *Typology*, Temporada 1, episódio 10, 7 de setembro de 2017, https://www.typologypodcast.com/podcast/2017/09/07/episode10/panel of6s.

6. Entrevista de Jill Phillips, *Typology*, Temporada 3, episódio 30, 20 de fevereiro de 2020, https://www.typologypodcast.com/podcast/2020/06/episode-/jillphillips.

7. Entrevista de Leslie Jordan, *Typology*, Temporada 1, episódio 10, 7 de setembro de 2017, https://www.typologypodcast.com/podcast/2017/09/07/episode10/panelof6s.

Capítulo 11: A História do Sete

1. Entrevista de Shauna e Aaron Niequist, *Typology*, Temporada 1, episódio 13, 28 de setembro de 2017, https://www.typologypodcast.com/podcast/2017/09/28/episode13/shaunaaaronniequist.

2. Entrevista de See Rob Bell, Premier TV, 22 de Julho, 2008, https://www.youtube.com/watch?v=5KujG5Ww1bQ. Também é possível adquirir seu áudio livro *Blood, Guts, and Fire: The Gospel According to Leviticus* em https://gumroad.com/l/blood-guts-fire.

3. Entrevista de Rob Bell, *Typology*, Temporada 1, episódio 1, 6 de julho de 2017, https://typology.libsyn.com/01-rob-bell-an-enneagram-7-with-a-7-wing.

4. Entrevista de Bob e Maria Goff, *Typology*, Temporada 1, episódio 2, 13 de julho de 2017, https://typology.libsyn.com/episode-2-bob-maria-goff-the-beautifully-imperfect-marriage-of-a-9-7.

Notas

5. Essa frase é popularmente atribuída a Carl Jung, mas é provavelmente parafraseada, e a documentação precisa é elusiva.

6. Alice Fryling, *Mirror for the Soul: A Christian Guide to the Enneagram* (Downers Grove, IL: InterVarsity Press, 2017), 80.

Capítulo 12: A História Maior

1. Citado em Ann Trieger Kurland, em *Boston Globe* online, https:// bostonglobe. com/2020/11/17/lifestyle/fans-adore-quoting-julia-child-often-get-it-wrong-this--book-can-help/, atualizado em 17 de novembro de 2020.

2. Frederick Buechner, "Grace", em *Beyond Words* (San Francisco: HarperOne, 2004), 139.

3. Maya Angelou, em entrevista para Oprah Winfrey, Super Soul Sunday, OWN, Ep. 416, 19 de maio de 2013.

4. Atribuído ao rabino polonês do século XVIII Baal Shem Tov, fundador do movimento espiritual judaico conhecido como Hassidismo.

ÍNDICE

A

Abadia de Getsêmani, 74
abuso
de medicamentos, 3
de substâncias, 115
aceitação, 46
afastamento, 140
agere contra, prática espiritual, 25–26, 36, 41, 123
ajudar o próximo, 16
Albert Einstein, 29
amor de Deus, 5
análises díspares, 135
angústias existenciais, 117
ansiedade, 63–64, 103, 106, 145
crônica, 149, 151
intensificada, 150
Ashley Cleveland, compositora, 120
Audrey Assad, cantora, 52, 58
autenticidade, 104
autoaceitação, 105
autocondenação, 111
autoconhecimento, 82
autocuidado, 77
saudável, 83
autodesenvolvimento, 56
autodeterminação, 30
autoestima, 3, 24
autoimagem, 17
autojulgamento, 76
autoridade parental, 145
autossuficiência, 132
avareza, 141

B

bullying, 47

C

cada um por si, 15–16
Carl Jung, psiquiatra, 9
clima emocional, 48
código de conduta, 65

Índice

compasso moral, 97
comportamento dormente, 51
comportamentos
  autodestrutivos, 7, 20
  maníacos, 169
condicionamento cultural, 107
confiança conquistada, 84
conflito, 45
consciencialização, 40, 103
  emocional, 141
conspirador interior, 81
crenças, 80
  equivocadas, 98, 148
  errôneas e inconscientes, 49
  falsas, 164
crise relacional, 86
cura emocional, 41
Cynthia Bourgeault, professora, 18, 20

D
decência, 66
depressão, 106, 150
  suicida, 33
desapego, 141–142
dignidade, 5
disciplina espiritual, 74
distração positiva, 163
distúrbio alimentar, 62

E
Edvard Munch, pintor, 3
emoções

  desagradáveis, 162
  negativas, 63
empatia, 52
  incondicional, 59
engajamento emocional, 102
equanimidade, 123
equidade, 144
espiritualidade, 166
estratégia de doação, 82
Eucaristia, 176
Eugene O'Neill, dramaturgo, 176
evitar o conflito, 46
expectativas, 97

F
falsa promessa, 21
falta de emoção, 137
feridas de arrependimentos, 119
figuras de autoridade, 31
fixações idiossincráticas, 139
força de vontade, 163
frequência vibracional, 168

G
gastroparesia, 62
generosidade, 84
glutonaria, 169, 173, 179

H
hiperprodutividade, 100
história
  de origem, 23, 29, 35
  de sobrevivência, 26

Índice

de transformação, 18

histórias arquetípicas, 15

I

identidade, 97

  individual, 58

incredulidade, 101

Instagram, 120, 173

insuficiência, 122

integridade, 66

intencionalidade, 58

inveja, 119, 122

  disfarçada, 123

inventário de rancor e dívidas, 91

isolamento, 129

J

James Joyce, escritor, 136

K

kintsugi, 175

L

lealdade, 156

Lei de Newton

  primeira, 55, 58

  terceira, 36

liderança, 31, 99

Lisa Whelchel, escritora e atriz, 93–95, 102

livre-arbítrio, 12

logoterapia, 39

luxúria, 180

M

magna animi, 37

Marie Kondo, personal organizer, 13

mecanismos de defesa, 38

memória seletiva, 162

mensagens contraditórias, 152

mentalidade legalista, 69, 74

meritocracia, 69

mitos desgastados, 9

moeda de aniversário, 2

moralidade, 66

MyersBriggs, teste, 38

N

narcisismo, 101

narcotizar, 51

negação, 101

nostalgia distorcida, 120

O

orgulho, 88

P

pandemia da Covid-19, 27–28, 150

paz interior, 48

pensamento positivo, 161

percepção de ameaça, 31

percepções inconscientes, 98

perfeccionismo, 16, 62

persona, 30

personalidade, 6

pessimismo, 165

Pinóquio, 112

Índice

postura agressiva, 99
presentes da imperfeição, 74
presteza, 16
pusilla animi, 37

Q
queridinhos do Eneagrama, 49

R
racismo sistêmico, 150
relacionamento positivo, 82
relacionamentos, 14
resiliência, 153
Ryan Stevenson, músico, 109–111

S
Santo Inácio de Loyola, 25
saúde mental, 33
Segunda Guerra Mundial, 39
sensação de superioridade, 121
sensibilidade emocional, 52
senso
    de controle, 20, 23
    de especialidade, 115
    de identidade, 53, 89
    de mistério, 135
sentimentos de abandono, 119
serenidade, 22
Simon Tugwell, padre, 37
sobriedade, 172
sucesso = amor, 96

T
ternura, 41
transtorno desafiador de oposição, 61
trauma, 39
    do abandono, 130

V
vaidade, 101
vícios, 72
    comportamentais, 169
vulnerabilidade, 16, 28, 33

W
William Faulkner, autor, 111

Z
zona
    de conforto, 142
    de perigo, 95
zonas de guerra, 31

Projetos corporativos e edições personalizadas
dentro da sua estratégia de negócio. Já pensou nisso?

Coordenação de Eventos
Viviane Paiva
viviane@altabooks.com.br

Contato Comercial
vendas.corporativas@altabooks.com.br

A Alta Books tem criado experiências incríveis no meio corporativo. Com a crescente implementação da educação corporativa nas empresas, o livro entra como uma importante fonte de conhecimento. Com atendimento personalizado, conseguimos identificar as principais necessidades, e criar uma seleção de livros que podem ser utilizados de diversas maneiras, como por exemplo, para fortalecer relacionamento com suas equipes/ seus clientes. Você já utilizou o livro para alguma ação estratégica na sua empresa?

Entre em contato com nosso time para entender melhor as possibilidades de personalização e incentivo ao desenvolvimento pessoal e profissional.

PUBLIQUE SEU LIVRO

Publique seu livro com a Alta Books. Para mais informações envie um e-mail para: autoria@altabooks.com.br

 /altabooks /alta-books /altabooks /altabooks

CONHEÇA OUTROS LIVROS DA **ALTA BOOKS**

Todas as imagens são meramente ilustrativas.

Este livro foi impresso nas oficinas gráficas da Editora Vozes Ltda.,
Rua Frei Luís, 100 – Petrópolis, RJ.